Ralf Blauscheck

Das Paludarium

Tropisches Leben im Wohnzimmer

Landbuch

Umschlagfoto vom Verfasser: Das Bild zeigt das Paludarium von
N. Grunwald, Wuppertal. Fotos und Zeichnungen im Innenteil vom Verfasser

Landbuch-Verlag GmbH, Hannover, 1988
Alle deutschen Rechte vorbehalten. Reproduktionen, Speicherung
in Datenverarbeitungsanlagen, Wiedergabe auf elektronischen,
fotomechanischen oder ähnlichen Wegen, Funk und Vortrag
– auch auszugsweise – nur mit Genehmigung des Verlages.

Lektorat: Dr. Helge Mücke, Hannover
Farblithos: ReproDukt GmbH, Langenhagen
Satz, Druck und buchbinderische Verarbeitung:
Landbuch-Verlag GmbH, Hannover

ISBN 3 7842 0380 9

Inhalt

1. Einleitung 6
2. Tierhaltung und Naturschutz 9
3. Planung des Paludariums 12
3.1 Der Standort 12
3.2 Die Raumaufteilung 13
3.3 Das Material 21
4. Konstruktion des Paludariums 24
5. Technische Ausstattung 30
5.1 Beleuchtung 32
5.2 Heizung 39
5.3 Belüftung 42
5.4 Wasserfilterung 46
6. Einrichtung des Paludariums 48
6.1 Wasserteil 48
6.2 Landteil 53
7. Bepflanzung des Paludariums 64
7.1 Pflanzen des Wasserteils 66
7.2 Pflanzen des Landteils 74
7.3 Die feuchttropischen und -subtropischen Großräume:
    A. Nord-, Mittel- und Südamerika und Karibik 79
    B. Indien, Südostasien, Neuguinea und Australien 98
    C. Zentralafrika und Madagaskar 103
8. Tierbesatz des Paludariums 105
8.1 Fische 110
8.2 Schwanzlurche 113
8.3 Froschlurche 116
8.4 Schildkröten 128
8.5 Echsen 129
8.6 Schlangen 138
9. Verzeichnis der Botanischen Gärten mit feuchttropischen Gewächshäusern 145
10. Verzeichnis der für Paludarianer interessanten Verbände 146
11. Literaturverzeichnis 147
12. Danksagung 150

1. Einleitung

Ein bedeutender und langanhaltender Trend unserer Zeit ist es, die Natur ins Haus zu holen. Dabei scheint der Bedarf um so größer zu sein, je stärker die Umwelt des einzelnen zerstört ist oder wird. So erfreulich diese Tatsache einerseits ist, so muß man doch auch die Schattenseiten sehen: Die Zahl der unsachgemäß und naturfremd gepflegten Tiere nimmt erschreckend stark zu. Der Verbrauch an lebenden Einrichtungsgegenständen für Aquarien und Terrarien übersteigt im Extremfall sogar die Kapazität der wildlebenden Bestände, was zur Gefährdung mancher Arten schon maßgeblich beigetragen hat.

Kaufhäuser und Einkaufsmärkte bieten in ihren „Zoofachabteilungen" Tiere und Pflanzen an, deren Haltung oft nur erfahrenen Aquarianern und Terrarianern erfolgreich gelingen könnte, und an Nachzucht ist schon gar nicht zu denken. Trotzdem werden Millionen von Todeskandidaten verkauft, ohne dem Käufer auch nur wenige grundlegende Hinweise zur Pflege seines bis dahin noch prächtigen (weil gerade frisch importierten) Chamäleons oder Leguans geben zu können.

Gerade bei dem Ausschnitt eines Lebensraumes, der in einem Paludarium angestrebt wird, bedarf es einer großen Anstrengung, um die Gemeinschaft lebensfähig zu halten. Umfangreiches Wissen ist notwendig; hier reicht keinesfalls der Hinweis auf der Futterpakkung aus, um eine erfolgreiche Pflege zu gewährleisten.

Der Begriff des Paludariums wird in der Literatur als „Sumpfaquarium" umschrieben. Über dessen Eingrenzung gehen die Meinungen weit auseinander; ganz strenge Auffassungen legen Wert auf das gleichberechtigte Nebeneinander von Wasser- und Landteil, für andere reicht ein Feuchtterrarium mit einer kleinen Wasserschale schon aus, um ein „Paludarium" zu besitzen.

In diesem Buch wird als Paludarium vornehmlich eine Lebensgemeinschaft der Feuchttropen und -subtropen gesehen, die sowohl Fischen und Fröschen im Wasser als auch Amphibien, Echsen, im Ausnahmefall sogar Schlangen ein Nebeneinander mit Wasser-,

Sumpf- und Landpflanzen sowie Epiphyten ermöglicht, in der Regel aber auf eine kleine Auswahl von Tieren beschränkt bleibt. Der Natur der einzelnen Arten – besonders der Tiere – muß unbedingt entsprochen werden: eine Vergesellschaftung stark unterschiedlicher Arten muß oft unterbleiben, um nicht die von uns ausgewählte Gemeinschaft zu gefährden.

Für viele Aquarianer ist das Paludarium eine willkommene Bereicherung des oft zu begrenzten Aquariums; für viele Terrarianer ist es eine für ihre Pfleglinge notwendige Erweiterung des Regenwald-Terrariums um einen größeren Wasserteil; dann gibt es auch noch die Befürworter einer durch Fische belebten Pflanzenvitrine. All diese Interessengruppen sollen in diesem Buch nützliche Tips und Hinweise zur Planung, zum Bau und zum Besatz mit Pflanzen und Tieren erhalten. Auch soll das notwendige Hintergrundwissen über die oft komplizierten Bedingungen der feuchttropischen Lebensräume und ihrer eng verwobenen Lebensgemeinschaften in diesem – wenn auch engen – Rahmen veranschaulicht werden.

So schön und sehenswert ein älteres, „eingefahrenes" Paludarium auch wirkt, der Aufwand und die Verpflichtung, die hier besteht, bleibt dem Betrachter in der Regel verborgen. Jede längere Abwesenheit über mehr als zwei oder drei Tage wird in einer Suche nach einem Ersatzmann enden. Wer häufig unterwegs ist, sollte sich reiflich überlegen, ob anderweitig für die Unterhaltung des Paludariums gesorgt werden kann – oder aber die Idee eines eigenen Paludariums sollte aufgegeben werden.

Da eine lange Anlaufzeit notwendig ist, um Pflanzen und Tiere einigermaßen aufeinander abzustimmen, ist ein Paludarium ein langwieriges Vorhaben, das mehrere Jahre gepflegt sein will, um den Aufwand zu rechtfertigen. Ein Jahr kann noch recht gut überblickt werden, und da die Begeisterung am Anfang am größten ist, sollte man sich auch schon zu Beginn Gedanken um den zweiten, dritten und folgenden Sommerurlaub machen: Man wird ihn wahrscheinlich nicht vor dem Paludarium im eigenen Wohnzimmer verleben wollen, sondern möglicherweise sogar in den Herkunftsgebieten seiner tropischen Pfleglinge.

Doch nicht nur Bedenken sollen laut werden, wenn man an die Haltung von tropischen Fischen, Fröschen und Echsen, Schlangen, Schildkröten oder gar Insekten denkt. An sich birgt ja jede Pflege von Tieren, die in feststehenden Behältern untergebracht sind, diese Verpflichtung mit sich. Für die positiven Aspekte aber wird man gerne so manche freie Stunde opfern: Man erhält Einblick in die Wunderwelt der tropischen Lebensgemeinschaften, man erlebt beispielsweise das Wachstum und die Blüte von Bromelien und Orchideen, die oftmals sonderbare Vermehrung von Fröschen und die farbenfrohen Paarungsspiele der Echsen – immer unter der Voraussetzung einer artgerechten und sachkundigen Pflege. Kurzum: man gewinnt viele neue Erfahrungen und Beobachtungen. Von allen „Heimtierunterbringungen" ist das Paludarium neben dem Seewasseraquarium wohl die aufwendigste und komplizierteste Möglichkeit.

Dieses Buch soll eine Lücke in der vivaristischen Literatur schließen, da nur dürftig bisher über dieses Thema veröffentlicht wurde. Ein guter Überblick wurde 1985 von GRUNWALD und KEMP als Artikelserie in der Zeitschrift „Das Aquarium" verfaßt (siehe Lit.). Das vorliegende Buch soll als Grundlage für die Unterhaltung eines Paludariums dienen, Hinweise auf den Bau, die Technik und Einrichtung geben, sowie geeignete Pflanzen und Tiere und deren Pflege kurz beschreiben. Die Thematik kann allerdings keinesfalls erschöpfend bearbeitet werden, und deshalb dürfen die hier vorliegenden Informationen nicht als der Weisheit letzter Schluß angesehen werden: Viele Probleme werden sich erst im Laufe der Zeit ergeben, sie hängen von den speziellen Bedürfnissen der von uns gepflegten Arten ab. Gerade die meist später auftauchenden Probleme sollen hier – wann immer möglich – vorsorglich dargestellt werden, um ein böses Erwachen zu vermeiden. Die Zeit des Tier- und Pflanzenverbrauchs durch unüberlegte Käufe muß einfach vorbei sein. Sämtliche Naturschutzbestrebungen werden unglaubwürdig, wenn nicht in unserer eigenen Wohnung dem Raubbau an der Natur ein Ende gesetzt wird.

2. Tierhaltung und Naturschutz

Dieses Thema wird in Veröffentlichungen über Tierhaltung sehr gern vernachlässigt, denn nur wenige gestehen ihren negativen Einfluß ein, der durch die Entnahme von Tieren und Pflanzen aus der Natur bei deren Verkauf entsteht. Nur durch die steigende Nachfrage wird die Existenz zahlloser Zoohandlungen gesichert. Zwar wird so gut wie keine Art durch den Fang für Heimtierhaltung allein ausgerottet; bei seltenen und lokal sehr begrenzt vorkommenden Arten kann der Bestand jedoch leicht unter das notwendige Minimum (Populationsdichte) geraten. Dann wird auch ohne weitere Entnahme (die dann für den Fänger ohnehin kaum noch rentabel wäre) die betreffende Art an die Grenze ihrer Bestandssicherung gelangen.

Das sogenannte Washingtoner Übereinkommen zum Schutz bedrohter wildlebender Tiere und wildwachsender Pflanzen, kurz WA genannt, wurde in Deutschland 1976 in Kraft gesetzt und listet diejenigen Arten auf, deren Bestand akut gefährdet ist bzw. deren Situation aufgrund besonderer Umstände sehr schnell zu einer Gefährdung führen könnte (beispielsweise, weil sie nur sehr eng begrenzte Verbreitungsgebiete haben – endemische Arten –, kleine Bestände, besonders hohe Ansprüche an ihren Lebensraum usw.). Beitragsstaaten waren im Jahre 1982 bereits 82 Nationen, welche die Bestrebungen zum Schutz der betreffenden Arten unterstützen.

Nicht nur der Im- und Export zu Haltungszwecken, auch die Verarbeitung von Tierteilen (Raubkatzenfelle, Elfenbein, Schildkrötenprodukte, Froschschenkel) und das Sammeln zu Präparationszwecken (Insekten, Mollusken, Korallen) fällt in die Zuständigkeit dieser Gesetzgebung. Die berühmt berüchtigten „Urlaubstrophäen" aus den südlichen Ländern sind wohl das beste Beispiel für den schwungvollen Handel mit oftmals bedrohten Arten. Auf Bundesebene wird das WA durch die Neufassung des Bundesnaturschutzgesetzes drastisch ergänzt, das den Handel und mittlerweile sogar die Haltung mit gefährdeten Arten zum Teil einschränkt, im Extremfall sogar völlig verbietet.

Nachdem das bis Ende 1986 geltende Bundesnaturschutzgesetz dem Halter von Fischen, Amphibien und Reptilien nur eine relativ geringe Anzahl von Arten vorenthielt, ist mit der Neufassung vom 10. 12. 86 eine drastische Einschränkung und Erschwerung vorgenommen worden. Der Halter hier aufgeführter Arten muß ab dem 1. 7. 87 diese Tiere bei der jeweils zuständigen Landschaftsbehörde registrieren lassen, denn Neuerwerbungen sind nur noch mit den entsprechenden Nachweispapieren gestattet, die dort ausgestellt werden.

Aufgeführt sind diese Arten – sofern sie nicht bereits unter das WA fallen – in der Bundesartenschutzverordnung. Für Paludarianer wichtige Neuzugänge dieser Verordnung sind sämtliche Baumsteigerfrösche Dendrobatidae, Echte Frösche *Rana* und die Unken *Bombina*. Weiterführende Informationen können hierzu die Unteren Landschaftsbehörden der Städte und Kreise geben.

Manche für das Paludarium geeignete Pflanzen-, Fisch-, Amphibien- und Reptilienarten sind in einer der verschiedenen Schutzkategorien aufgeführt. Der ernsthafte Paludarianer sollte aus diesen Gründen über diese Gesetze informiert sein und vor einer Besetzung des Paludariums mit Tieren und Pflanzen diese Listen durchsehen und die darin erwähnten bedrohten Arten aus seinen Wunschvorstellungen ausklammern. Besondere Vorschriften und Auflagen verhindern in der Regel zwar einen Import, leider ist der Schmuggel mit den seltenen und gefährdeten Arten dadurch keineswegs zurückgegangen, wie der WWF (World Wildlife Fund) in seinen Ermittlungen feststellen mußte. Skrupellose Händler machen sich diesen Umstand zunutze und betreiben schwungvolleren Handel denn je.

Alle Faktoren der heutigen Naturzerstörungen und Umwelteinflüsse addieren sich zu einer unübersehbaren Flut von Belastungen, die Pflanzen, Tiere und deren Lebensräume bedrohen. Terrarianer ebenso wie Aquarianer und Pflanzenhalter sollten nicht nur an ihr eigenes Artenspektrum hinter Glas denken, sondern auch die ökologischen Zusammenhänge ein wenig durchschauen und zu der Einsicht gelangen, daß sie lieber einmal auf den Kauf einer Rarität verzichten, als selbst einen Beitrag gegen den Artenschutz zu leisten.

Abb. 1: Trotz einer großen Wasserfläche kann bei gut geplanter Anordnung eine ausgeprägte Epiphytenflora zum Blickfang werden. Größe 150 × 100 × 200 cm.

Es soll in diesem Buch zwar nicht in schwarzmalerischer Weise gegen die Zimmerhaltung tropischer Organismen gewettert werden – ganz im Gegenteil, der Wert von Heimtieren ist unumstritten hoch und leistet seinen Teil zum Verständnis und damit zum Schutz anderer Lebewesen. Doch der bewußte und kritische Umgang mit Lebewesen soll hier vielleicht etwas mehr berücksichtigt werden als in anderen vivaristischen Werken.

3. Planung des Paludariums

3.1 Der Standort

Oftmals liegt die schwierigste Entscheidung vor der Inbetriebnahme eines größeren Vivariums – gleichgültig ob Aquarium, Terrarium, Paludarium oder Voliere – in der Wahl eines geeigneten Platzes. Nicht nur die Größe spielt dabei eine überaus wichtige Rolle – in der Regel ist die Aufstellung eines 150 cm großen Beckens bei der normalen beengten Wohnsituation ohnehin undenkbar –, sondern auch der Standort. Zur Vermeidung unangenehmer Überraschungen sollten wir vorzeitig bedenken, daß Fenster und Türen ungehindert zu öffnen sein müssen: Der Schwenkbereich sollte deshalb vorher ausgemessen, besser sogar noch ausprobiert werden. Am besten fertigt man sich eine maßstabsgerechte Zeichnung im Verhältnis 1 : 10 an (1 cm auf dem Papier entspricht 10 cm im Raum), in die sowohl der Raumumriß als auch Möbelstücke, Türen, Fenster, deren Schwenkbereich und natürlich das Paludarium eingezeichnet werden. Bei der geplanten Größe von 150 cm Länge und 80 cm Tiefe wird man spätestens anhand der Zeichnung merken, daß man dem Paludarium mehr Platz einräumen muß als beispielsweise einem kleinen Schrank.

Probleme besonderer Art entstehen durch das hohe Gewicht größerer Paludarien von mehr als 100 cm Länge. Allein das Glas eines gleichlangen Aquariums wiegt ca. 50 kg (Gewicht eines Normalaquariums mit 210 l Inhalt), wozu der gesamte – wenn auch leichtere – Aufbau kommt. Außerdem müssen wir das Gewicht des Wassers, des Bodengrundes, der elektrischen Anlage, der Pflanzen und der sonstigen Einrichtungsgegenstände, berücksichtigen. Für eine derart hohe Gewichtsbelastung sind die Böden der Altbauten nicht vorgesehen, selbst große Schrankwände erreichen auf einer kleinen Fläche nicht dieses Gewicht. Man sollte unbedingt beim Vermieter oder Hauseigentümer die Bodenkonstruktion erfragen, auch wenn die Gefahr eines vorzeitigen Endes der Paludarienidee besteht. Mit hoher Bruchgefahr muß man rechnen, wenn man das Paludarium in den Zwischenräumen der Balken von Holzfußböden aufstellt; selbst gegossene Betondecken können unter einer solchen Belastung brechen, wenn das Gewicht nicht über eine größere Fläche verteilt ist.

Zweckmäßig ist deshalb ein gewichtsverteilender Unterbau, etwa aus einem geschlossenen Rohrrahmengestell (Abb. 3) oder ein starker Schrankunterbau aus Holz, keinesfalls aber aus offenen, nur wenige Quadratzentimeter belastenden Profilen. Je größer das Paludarium wird, um so kräftiger muß auch der Unterbau konzipiert werden.

Bei der Frage des günstigsten Aufstellungsortes sollte auch die Besonnung berücksichtigt werden. Längerer direkter Lichteinfall kann für Tiere wie auch Pflanzen verheerende Folgen haben. Wenn die Temperatur längere Zeit auf über 40 °C ansteigt, besteht auch für tropische Tiere die Gefahr des Hitzetodes.

Ein sonniger Standort ist für das Pflanzenwachstum wie auch für den Betrachter günstig – allerdings nur wenn die geschilderte Überhitzung vermieden wird. Dies gilt auch bei der Einplanung eines Raumheizkörpers, z. B. in den Unterbau des Paludariums (Abb. 19) zur Beheizung unserer Anlage. Nur wenn ein einzeln zu regelnder Raumthermostat vorhanden ist, können wir die Gefahr einer unkontrollierten Überhitzung ausschließen. Jedoch sollte bedacht werden, daß unser Paludarium sich weitaus schneller aufheizt als das Zimmer und deshalb der Thermostat „paludariengerecht" eingestellt werden muß.

3.2 Die Raumaufteilung

Die notwendigen Überlegungen zum Standort bestimmen die Größe unseres Paludariums mit und sollten den Detailplanungen in jedem Fall vorangehen. Erst wenn die Größe feststeht, können wir uns Gedanken über die Raumaufteilung machen.

Abb. 2: Ein ausgesprochenes Uferpaludarium sollte sehr breit sein und nur einen flachen Wasserteil aufweisen. Größe 250 × 100 × 200 cm.

Je nach Interessenlage des Paludarianers bestehen unterschiedliche Zielvorstellungen, die sich in der Größe und Gliederung des Vivariums widerspiegeln. Nicht jede Aufteilung ist sinnvoll: Weder sollte in einem aquaristisch ausgerichteten Becken den Fischen nur eine kleine Wasserschale zugebilligt werden, noch sollten die bodenbewohnenden Echsen mit ständig nassen Füßen durch die beherrschende Sumpfzone planschen müssen.

Aus diesem Grund sollte schon vorher klar sein, ob und welche Tiere gepflegt werden sollen, um deren speziellen Bedürfnissen nachkommen zu können.

Wir haben beim Bau des Paludariums viele Möglichkeiten, die einzelnen Elemente zu einer funktionsfähigen Einheit zu verbinden. Die einfachste – wenn auch teuerste – Möglichkeit ist es, einen Glasereibetrieb mit dem Bau des Paludariums nach unseren Vorstellungen zu beauftragen. So kann auf unsere speziellen Wünsche eingegangen werden, was uns dann inklusive Elektronik durchaus 2 000,– DM kosten kann.

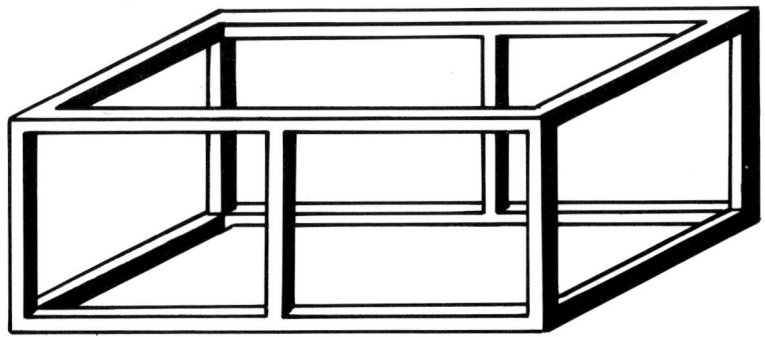

Abb. 3: Rahmenkonstruktion des Paludarien-Unterbaus aus Eisenprofilen oder Alu-Steckverbindungen.

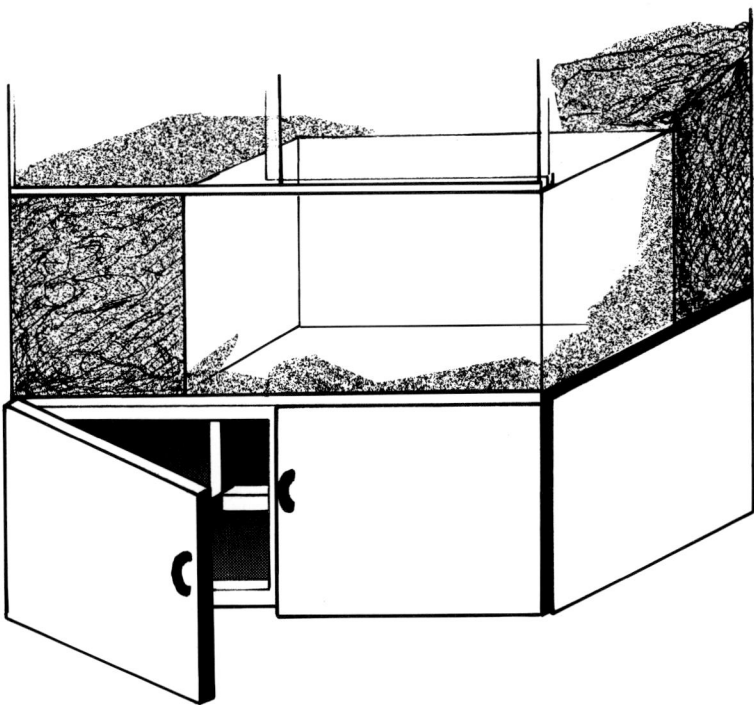

Abb. 4: Unterbau des Paludariums in Schrank-Ausführung zur Unterbringung z. B. der elektrischen Schaltzentrale.

Wir aber sollten bestrebt sein, die Kosten gering zu halten und trotzdem eine optimale Funktionseinheit zu erreichen.

Angewiesen sind wir in der Regel auf käufliche, vorgefertigte Teile, da vieles einfach besser und billiger wird, wenn es „von der Stange" kommt. So sollten wir beispielsweise den Wasserteil, der zweckmäßigerweise aus einem dickwandigen Aquarium besteht, komplett kaufen. Wir vermeiden dann auch das Risiko, daß es durch unsachgemäß geschnittene und geschliffene Scheiben zu Glasbruch kommt.

Wenn wir uns in Größenordnungen bis zu 200 cm Paludarienlänge begeben, könnte ein Selbstbau ohnehin nur von fachkundigen, „glaserfahrenen" Bastlern angegangen werden. Die notwendige Scheibenstärke von 10 bis 12 mm erübrigt meist ohnehin die Anstrengung des Selbstbaus. Bis zu 150 bis 200 cm Länge sind Vollglasaquarien erhältlich, darüber hinaus sind Sonderanfertigungen aufgrund des sehr hohen Preises nicht anzuraten.

In bezug auf die Größe können keine verbindlichen Angaben gemacht werden, da dies von der Nutzungsart maßgeblich mitbestimmt wird. Bei der vorrangigen Fischhaltung wird der Aquarienteil zuungunsten des Landteils größer ausfallen als bei der Pflege baumbewohnender Echsen. Trotzdem sollten folgende Ausführungen als Hilfestellung zur Größenplanung beachtet werden:

Die horizontale Aufteilung kann am günstigsten in Relationen von Wasser- und Landteil angegeben werden: So sollte das Wasser ⅓ und der Landteil ⅔ des Paludariums betragen. Die Höhe der käuflichen Aquarien mit 50 cm ist als obere Grenze anzusetzen. Dem Verhältnis entsprechend sollte der Land-(Luft)Raum 80 bis 100 cm betragen, mehr ist allerdings nicht anzuraten, weil dann die Paludarienhöhe uns buchstäblich über den Kopf wächst. Wir gelangen zu der nachfolgenden (maximalen) Höheneinteilung:

Beleuchtungseinheit	20 cm
Land-Luft-Raum	100 cm
Wasserteil	50 cm
Unterbau	50 cm
Gesamthöhe	220 cm

Der Unterbau sollte – wenn wir ihn als Stauraum und als Elektronikzentrale nutzen – nicht weniger als 40 cm Höhe betragen, damit die Elektronik noch gut zugänglich ist. Zum anderen würde selbst für kleinere Paludarianer der Blickwinkel sehr ungünstig sein – wer möchte schon auf dem Bauch liegend seine Fische betrachten?

Nicht zu unterschätzen ist auch die Tiefe unseres Paludariums, die sich je nach Größe zwischen 50 und 80 cm bewegen sollte. Falls wir einmal in einer der hinteren oberen Ecken eine Reparatur durchführen müssen, geraten wir schnell in arge Bedrängnis. Die Entfernung vom Fußboden beträgt bei 150 cm Höhe ca. 220 cm, den Unterbau mit eingerechnet. In dieser Entfernung dann noch sicher hantieren zu können, erfordert schon einiges an Körpergröße.

Zur Vorbeugung sollten wir die anfangs erwähnte maßstabsgerechte Skizze auch von der Inneneinteilung des Paludariums anfertigen. Hier können wir dann schnell ausmessen, welche Entfernungen wir zu bewältigen haben. Auch die Einrichtung mit größeren Sumpf- und Landpflanzen und Epiphytenästen können wir so überprüfen, da erst dann die Beschattung des Wasserteils deutlich wird.

Die Anordnung des Wasserteils hängt besonders mit der Größe des Paludariums und folglich auch mit den Ausdehnungen des Wasserteils zusammen. Ausgehend von einer geeigneten Gesamtgröße von etwa 150 cm steht man vor der Frage, ob der Wasserteil die ganze Front einnehmen soll oder eine Hälfte.

Wenn wir von der Gestaltung eines Uferausschnittes ausgehen, bietet es sich an, einen nicht zu großen Landteil einzuplanen, also nicht bei dieser Größe alle drei Seiten mit einem Landteil zu umgehen, sondern nur maximal an einer Seite und der hinteren Fläche (siehe auch Abb. 3). So hat man die Möglichkeit, beispielsweise von der frei einzusehenden linken Seite das Wasser optisch und gestalterisch an den Uferbereich im Hintergrund und der rechten Seite anzubinden.

Steht das Paludarium frei im Raum und kann von 2 oder 3 Seiten eingesehen werden, bietet sich es eher an, diese frei zu halten. Ist das Paludarium eingebaut und kann nur von der Front eingesehen werden, können die Seitenteile begrünt werden, um einen geschlossenen Charakter zu erhalten.

Nicht zu unterschätzen ist der Einfluß des angrenzenden Landteils auf den Lichteinfall in die Wasserfläche. Überragende große Blätter, quer im Paludarium angeordnete Äste und Epiphyten – alle Einrichtungsgegenstände verhindern, daß Licht bis auf den Bodengrund

◁ Abb. 5: Das dichtbepflanzte obere Stockwerk macht eine zusätzliche Beleuchtung des Wasserteils bei höheren Paludarien erforderlich. Größe 120 × 80 × 150 cm.

Abb. 6a: Raumaufteilung bei zweiseitig eingefaßtem Wasserteil, Seitenansicht.

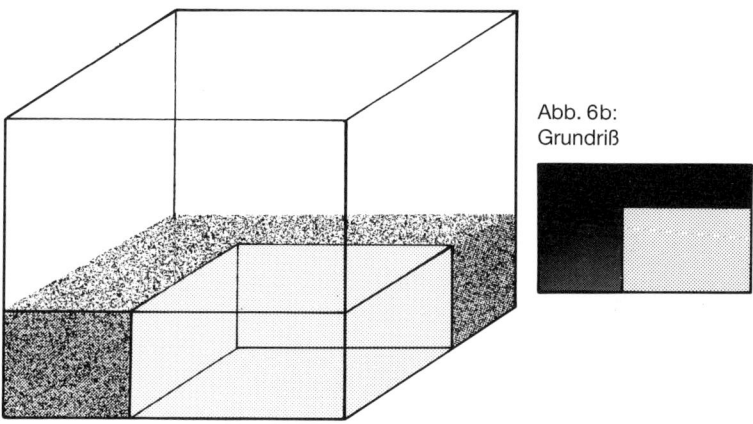

Abb. 6b: Grundriß

Abb. 7a: Raumaufteilung bei durchgehendem frontseitigem Wasserteil, Seitenansicht.

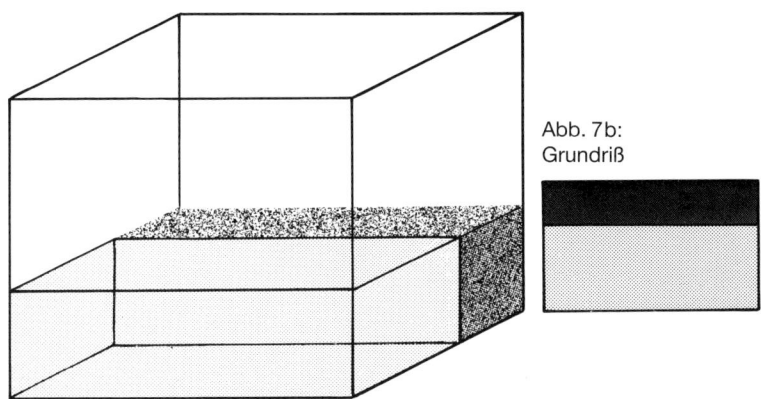

Abb. 7b: Grundriß

des Wasserteils gelangen kann. Im Extremfall erhalten wir eine flächige Beschattung, die das Wachstum von Wasserpflanzen weitgehend verhindert. Eine gute Lösung wird in Abb. 7 dargestellt, weil sich hier der Landteil hinter dem Wasserteil anschließt und somit im Vergleich zu Abb. 6 weniger Licht zehrt.

Abb. 8a: Raumaufteilung bei einseitig durchgehendem Wasserteil, Seitenansicht.

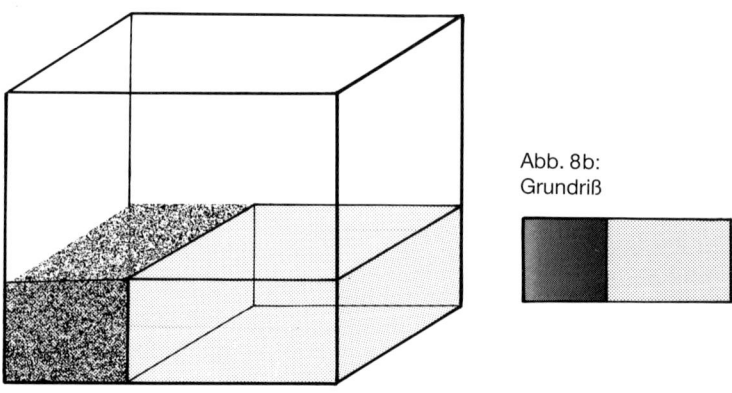

Abb. 8b: Grundriß

Abb. 9a: Raumaufteilung bei überbautem, die ganze Bodenfläche einnehmendem Wasserteil, Seitenansicht.

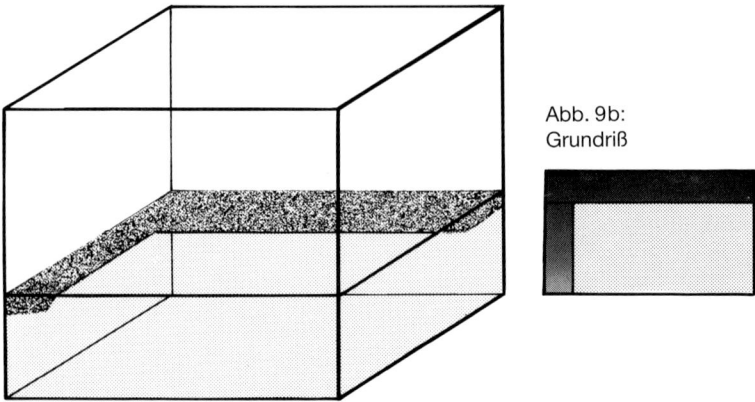

Abb. 9b: Grundriß

Zur Größe eines Paludariums kann man ebensowenig allgemein etwas sagen wie zur Aufteilung. Sie hängt von einer Vielzahl von Faktoren ab. Die Artenwahl, die Vergesellschaftung von Tieren und Pflanzen, Stellmöglichkeiten, nicht zuletzt auch finanzielle Vorstellungen lassen sich nicht pauschal klären. Es gilt jedoch der Grundsatz, daß ein zu kleines Paludarium mehr Ärger mit sich bringt als ein etwas großräumigeres. Die Tatsache, daß an sich ein Ausschnitt

Abb. 10a: Raumaufteilung in einem Eckpaludarium mit eingefaßtem Wasserteil.

Abb. 10b: Grundriß bei eingefaßtem Wasserteil.

Abb. 10c: Grundriß bei durchgehendem frontseitigem Wasserteil.

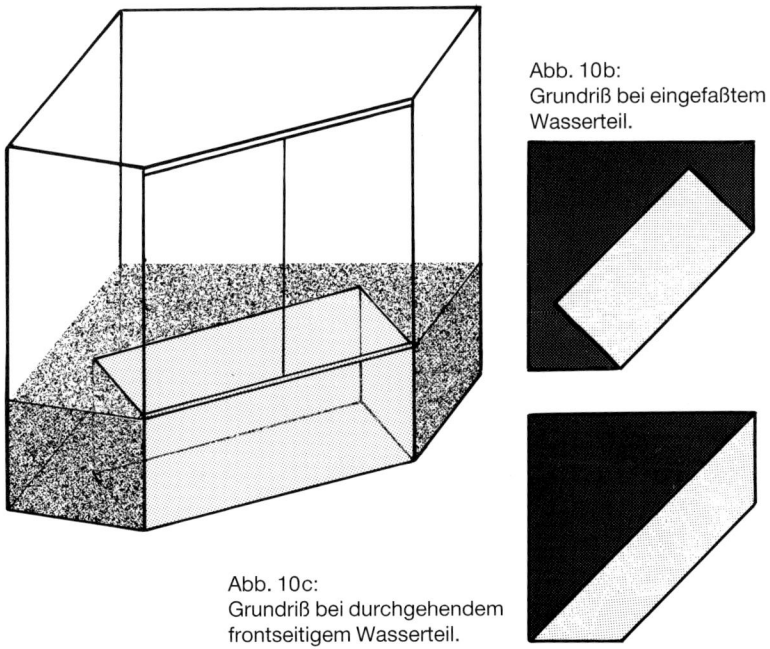

aus einem Lebensraum nicht groß genug sein kann, um allen darin untergebrachten Organismen ihre „persönliche Freiheit" zu erlauben, gilt besonders für die in einem Paludarium nachempfundene tropische Lebensgemeinschaft.

3.3 Das Material

Glas

Wenn wir die Planung und den Bau des Aquarien- und Terrarienanteils selbst übernehmen wollen, müssen wir dem Material reichlich Aufmerksamkeit widmen. Als erstes sollte das Aquarium zweckmäßigerweise aus Glas bestehen; ein rahmenloses Ganzglasaquarium läßt sich wohl am einfachsten bauen (oder kaufen) und einplanen. Wie oben schon erörtert, muß ein großes Aquarium gekauft werden, kleinere können auch ohne große Probleme von uns selbst angefertigt werden. Bis 40 cm Aquarienlänge reichen 5 mm Glasstärke, bis 60 cm Länge sollte man 8-mm-Glas verarbeiten; noch größere Becken sollten aus 10-mm-Glas geklebt werden, wobei die Bodenscheibe in der Regel etwas stärker sein sollte als die Seitenwände.

In der Höhe richten wir uns nach den gängigen Aquarien, maximal sollten 50 cm nicht überschritten werden. Wir können durchaus auch flachere Wasserteile einbauen, die bei Aquarianern nicht üblich sind. Der Eindruck einer Uferlandschaft wird bei einem flacheren Wasserteil von 30 cm optisch weitaus harmonischer wirken als bei einem normalhohen 50-cm-Becken.

Da der Wasserteil schon aus Glas besteht, bietet sich die Möglichkeit an, den weiteren Aufbau ebenfalls daraus zu erstellen. Die hervorragenden Klebe- und Dichteigenschaften von Silikon-Kautschuk ermöglichen komplizierte Bauweisen, in Abb. 10 ist als Beispiel ein Eckpaludarium aufgeführt.

Nachträgliche Änderungen an der Konstruktion vorzunehmen, ist jedoch schwierig. Einen Durchlaß in eine Seite oder die Rückwand zu bohren, ohne daß gleich die gesamte Scheibe bricht, ist nur dem erfahrenen Handwerker möglich.

Das Gewicht des bis zu 2 m langen Paludariums wird bei Ganzglasbauweise so hoch, daß nicht nur ein möglicherweise anstehender Transport zum Alptraum wird, sondern wir aus heiterem Himmel mit gesprungenen Scheiben überrascht werden können. Geringe Bodenerschütterungen, etwa durch einen vorbeifahrenden Lkw oder Zug, können der Auslöser sein. Unter das Paludarium sollte (auch bei kleineren Konstruktionen) in jedem Fall eine flexible Unterlage gelegt werden.

Tabelle 1: Gewichte von Aquarien
(aus: MAYLAND: Aquarium – Pflanzen – Fische)

Größe	Inhalt	Gesamtgewicht inkl. 20 % Eigengewicht und Bodengrund
40 × 40 × 22 cm	17 l	20,4 kg
60 × 30 × 33 cm	59 l	70,8 kg
80 × 36 × 45 cm	130 l	156,0 kg
100 × 42 × 50 cm	210 l	252,0 kg

Eine 1 cm starke Styropor- oder Hartschaumplatte oder Filzbelag können dazu dienen. Auch innerhalb des Paludariums unter dem Aquarienteil ist eine Dämmung sehr nützlich, denn ein kleiner Kieselstein kann schon beim Einfüllen des Wassers unsere mühsam gebaute Anlage zerstören. Allgemein sollte man bei der Verwendung von Glas auf äußerste Sauberkeit im Zuge von Bau und Einrichtung achten.

Kunststoff

In den Terrarien- und Paludarienbau haben Kunststoffe schon lange Einzug gehalten. Erhöhte Bruchsicherheit, bessere Verarbeitungsmöglichkeiten und geringeres Gewicht sind nur drei ihrer Vorteile. PVC-Platten können nahezu problemlos gesägt und gebohrt werden, so daß Umbauten und nachträgliche Änderungen im Gegensatz zur Glasbauweise kein Anlaß zu Kopfzerbrechen sind. Die dafür notwendigen handelsüblichen Kleber kann man in jedem Baumarkt erhalten. Man sollte allerdings auf die Verarbeitungshinweise achten, da die Kleber nicht für alle Materialien geeignet sind, dies gilt besonders für die Kombination von Glas (Aquarium) und Kunststoff (Aufbau).

Die im Gewächshausbau verwendeten Hohlprofilplatten, auch Doppelstegplatten genannt, eignen sich nach meinen Erfahrungen recht gut zum Bau von Paludarien. Sie bringen die für Kunststoffe geschilderten Vorteile mit und haben zudem eine hohe Wärmedämmung durch die eingeschlossene Luftschicht. Im Winter macht sich dies in der kostengünstigeren Beheizung bemerkbar.

Diese Doppelstegplatten können einfach gebohrt werden, von außen kann man die Kletteräste anschrauben – was bei Glas unvorstellbar ist. Die Festigkeit reicht völlig aus, um auch etwas schwerere Gegenstände freihängend anzubringen. Eine gewichts- und montagegünstige Konstruktion besteht aus einer Glasfront und den Seiten sowie Rückwand aus Doppelstegplatten. Je nach Einblickmöglichkeit können auch eine oder beide Seiten aus Glas bestehen. Es empfiehlt sich jedoch nicht, das Unterteil aus Glas und den Aufsatz aus einem anderen Material zu bauen. Aus Stabilitätsgründen sollte die komplette Wand zumindest bei freistehenden Paludarien durchgängig aus einem Material bestehen.

In eine Glas-Doppelsteg-Bauweise kann ein vorgefertigtes Aquarium eingesetzt werden, um Probleme der Abdichtung vollständig zu umgehen.

Eternit

Ein früher häufig verwendetes Material zum Bau besonders auch größerer Aquaterrarien und Terrarien ist Eternit, auch als Asbest-Zement bekannt. Dieser Stoff soll hier nur kurz behandelt werden, da in der Umwelt-Diskussion Eternit aufgrund seines Asbest-Anteils als krebserregend verworfen wird und besonders die bei der Verarbeitung anfallenden Stäube sich als problematisch erwiesen haben.

Weitere Nachteile sind das hohe Gewicht und das unschöne Aussehen; dem steht der Vorteil gegenüber, daß es sich mit normalen Heimwerkermöglichkeiten verarbeiten läßt.

Holz

Das zunächst am einfachsten zu verarbeitende Material ist zweifelsohne Holz, leider aber kann es nur dann sinnvoll eingesetzt werden, wenn geringe Feuchtigkeit herrscht, bestenfalls also in einem Wüstenterrarium. Unser Paludarium zeichnet sich jedoch durch reichlich Feuchtigkeit aus. Das Holzgerüst muß gegen die Feuchtigkeit geschützt werden, Flüssig-Kunststoff oder Bootslack eignen sich dazu hervorragend. Ohne ausreichenden Schutz dringt durch jede Pore, besonders an den Schnittkanten, Wasser in das Holz ein und läßt es – vor allem die häufig verwendeten Spanplatten – aufquellen. Es muß auf vollständige Abdichtung gegen das Wasser geachtet werden, um eine vorzeitige Funktionsuntüchtigkeit ausschließen zu können.

Im übrigen gelten die im folgenden beschriebenen Konstruktionsprinzipien für verschiedene Werkstoffe und können so materialunabhängig verstanden werden.

4. Konstruktion des Paludariums

Im Gegensatz zur zwangsläufigen Einheitsbauweise der Aquarien existiert in der Terraristik eine unübersehbare Fülle von Konstruktionstypen und deren Variationen. Im Gegensatz zu Aquarien werden Terrarien wie auch Paludarien maximal in der unteren Hälfte, häufiger sogar nur einem Drittel des Beckens geschlossen gebaut. In den überwiegenden Teil können Zugangsmöglichkeiten in Form von Schiebescheiben, Schwenk- oder Hebescheiben, manchmal auch kleinere Luken eingeplant werden – sofern die Statik es noch zuläßt. Dieser Umstand erschwert eine für alle zufriedenstellende Lösung, die hier vorgestellt werden kann. Wie auch schon anfangs erwähnt, können keine verbindlichen Patentlösungen das Ziel eines solchen Buches sein, sondern vielmehr Anregungen und Denkhilfen, an denen der Einzelne seine speziellen Bedürfnisse und Vorstellungen orientieren soll.

Die Ausgangsbasis stellt eine von vorn zugängliche Konstruktion mit zwei Schiebescheiben (Vitrinenscheiben) dar, die zu Zwecken der Säuberung herausgenommen (ausgehängt) werden können. Aus Stabilitätsgründen sind Rückwand und Seitenteile jeweils aus einem Stück; bei größeren Paludarien (etwas über 100 bis 120 cm) sollte eine geteilte Rückwand vorgezogen werden, wenn mit Glas gebaut wird. Die beiden Hälften lassen sich mit senkrechten Glasstreifen, die innen und außen aufgeklebt werden, verbinden. Die Scheibenstärke kann relativ dünn, etwa 4 bis 5 mm sein, nur größere Becken sollten zumindest bei der Rückwand 6 mm starkes Glas haben.

Der Boden muß aufgrund des sehr hohen Gewichtes von Wasserteil, Bodengrund und Aufbauten mindestens 8, besser 10 mm stark sein. Er ist die am höchsten gefährdete und belastete Fläche – eine Sicherheitsreserve sollte deshalb zu unserer eigenen Beruhigung vorhanden sein.

Unsere Grundkonstruktion besitzt an den Seiten keine Lüftungsflächen, da die Be- und Entlüftung von 1 bis 2 kleinen Ventilatoren bewältigt wird, die eine Zwangsentlüftung erübrigen. Dazu werden Einzelheiten im Kapitel „Belüftung" beschrieben. In der Abdeckung aus Glas (zur Feuchtigkeitssicherung) wird ein je nach Ventilatoreinsatz (Be- oder Entlüftung, siehe Abb.) hinten oder vorn offener Schlitz eingeplant und mit einer engmaschigen Fliegengaze aus klarem Kunststoff oder verzinktem Fliegendraht beklebt, um die Paludarienbewohner und deren Futtertiere im Paludarium zu halten. Die Größe der Lüftungsflächen sollte durch kleine Scheiben je nach Bedarf verschließbar sein, um die notwendige Luftfeuchte und Temperatur je nach Jahreszeit und Außentemperatur regeln zu können.

Die Front kann auf verschiedene Arten gestaltet werden, die alle annähernd zum gleichen Ergebnis führen, sich aber in der Konstruktion unterscheiden: Wenn ein Komplett-Aquarium eingeklebt wird, ist das größte Problem – nämlich die Bruchsicherheit und Dichtegarantie des nicht selten mehrere hundert Liter fassenden Wasserteils – schon vorab gelöst. Je nach Vorstellungen können Kombinationen wie in Abb. 6 bis 9 gewählt werden.

Es bietet sich die Möglichkeit an, das Aquarium gleichzeitig als eine Hälfte der Paludarienfront zu nutzen. Seitlich an das Becken anschließend wird in der gleichen Höhe wie die Aquarienfrontscheibe eine Scheibe eingeklebt, so daß wir über die ganze Front einen gleichmäßigen oberen Abschluß haben (siehe Abb. 6 bis 9), was optisch bedeutend ansprechender wirkt als unterschiedliche Höhen der Front von Wasser- und Landteil. Zudem bietet es uns einen sehr wichtigen konstruktiven Vorteil: Die untere Laufschiene für die Schiebescheiben kann mit Silikonkautschuk auf die Frontkante aufgeklebt werden, wenn diese mindestens 8 mm stark ist. Bei geringeren Scheibenstärken muß zunächst eine Querverstrebung zur Stabilisierung und Vergrößerung der Auflagefläche aufgesetzt werden, worauf dann die Laufschiene geklebt werden kann.

Das obere Gegenstück der Laufschiene mit etwas höheren Seitenkanten wird direkt unter der Abdeckungsscheibe des Paludariums befestigt. Problemlos können die Vitrinenscheiben des Paludariums dann aus den Kunststofflaufschienen herausgehoben werden. Bei größeren Schiebescheiben, die eine Breite von mehr als 80 cm haben, sollten auf Rollen laufende Vitrinenleisten verwendet werden, wie sie auch bei Verkaufs- oder Schrankvitrinen zum Einsatz kommen. Die Gleitfähigkeit der Schiebescheiben wird dadurch sehr erhöht. Für die einfacheren Doppel-U-Profile, die in der Regel die billigste Lösung darstellen, kann zusätzlich eine spezielle Einlage verwendet werden, die eine leichtere Beweglichkeit größerer Schiebescheiben ermöglicht.

Als seitlichen Anschlag werden die Scheiben entweder durch die Seitenteile des Paludariums oder durch zusätzliche Profile begrenzt.

Die Anordnung der Schiebescheiben auf der Grundscheibe des Paludariums ermöglicht einen sehr guten Einblick in das Aquarium, da auch hier nur die übliche Aquarienfront besteht. Bei der Möglichkeit, die Vitrinenleisten der Schiebescheiben vor dem Wasser-

Abb. 11–12: Der Wassereinlauf der Filteranlage kann direkt dem Wasserteil zugeführt . . .

. . . oder aber über Steine geleitet als Wasserlauf genutzt werden.

und Landteil auf die etwas vorstehende Bodenplatte des Paludariums anzuordnen, sind gleich mehrere Scheiben als Sichtbehinderung vorhanden. Wasser und Erdboden können in diese Ritze gelangen und verschmutzen die Schiebescheiben dann erheblich. Zudem müssen diese Scheiben die gleiche Höhe wie das gesamte Paludarium haben, im Gegensatz zu den 30 bis 50 cm niedrigeren auf die Front aufgesetzten Schiebescheiben. Nicht nur das höhere Gewicht, besonders auch die erhöhte Bruchgefahr sollten bei dieser Lösung beachtet werden.

Bei Paludarien, besonders auch bei Feuchtterrarien besteht das Problem, daß die hohe Luftfeuchtigkeit vor allem im Winter an den Frontscheiben kondensiert und so die Sicht sehr stark behindert. Dem helfe ich durch einen schräg nach unten gerichteten Ventilator ab, dessen warmer Luftstrom aus dem Beleuchtungskasten die Scheiben freihält (Abb.).

Wir können auch in den Unterbau des Paludariums eine Heizung einbauen, z. B. die extern angebrachten Drosseln der Leuchtstoffröhren oder einen Rohrheizkörper. Sie erwärmen die Luft, die dann in das Paludarium durch einen schmalen Kanal zwischen Aquarienfront und den herabreichenden Schiebescheiben aufsteigt (Abb.).

Zur Verstärkung kann auch ein kleiner Ventilator nützen, der den Frischluftstrom erhöht. Dies erübrigt eine Belüftung von oben, erfordert allerdings einen komplizierteren Bau der Paludarienfront und verhindert eine optimale Einsicht in die unteren Bereiche, besonders in den Wasserteil, der von zwei, in der Überschneidungszone der Schiebescheiben sogar von drei Scheiben überdeckt wird.

Manche Paludarianer haben zusätzlich eine freistehende Seite als herausnehmbare Scheibe zu Säuberungszwecken vorgesehen, dazu muß allerdings eine andere Konstruktion als diese sehr einfache selbsttragende Form gewählt werden. Ein senkrechter Pfeiler zur Abstützung der Abdeckung wird erforderlich, eventuell muß sogar der Lampenkasten von einer eigenen Haltevorrichtung, etwa einigen in der Wand verankerten Winkeln, getragen werden, um das Paludarium zu entlasten.

Die abenteuerlichsten Arten der Vorderseitengestaltung sind schon ausprobiert worden: Von kompletten Fensterflügeln bis hin zu durchgehenden und seitlich herausschiebbaren Scheiben gibt es kaum eine Möglichkeit, die nicht schon versucht worden ist. Entweder ist aber die optische Wirkung der Front zu störend oder aber die Stabilität zu gering; als dauerhafte Lösung haben sich am ehesten die geteilten Schiebescheiben erwiesen.

Etwas abgewandelt ist das Eckpaludarium, dargestellt in Abb. 10, dessen raumsparende Anordnung und Form als Sondertyp hier vorgestellt werden soll. Das Prinzip ist in etwa das gleiche wie vorher, jedoch erfordert diese Konstruktion weitaus mehr Rechnereien und Schnittgenauigkeit als die relativ einfach herzustellenden Quaderkonstruktionen. Ein durchgehender, auch von den Seiten einsehbarer Wasserteil muß hier in jedem Fall selbst geklebt werden (Abb. 10). Lediglich dann, wenn nur die Frontfläche als Wassereinblick ausreichen soll (Abb. 10 a und b), kann ein vorgefertigtes Aquarium als Ausgangsteil genommen werden, an dessen Seiten dann die etwas abgewinkelten Flächen entweder sich in der

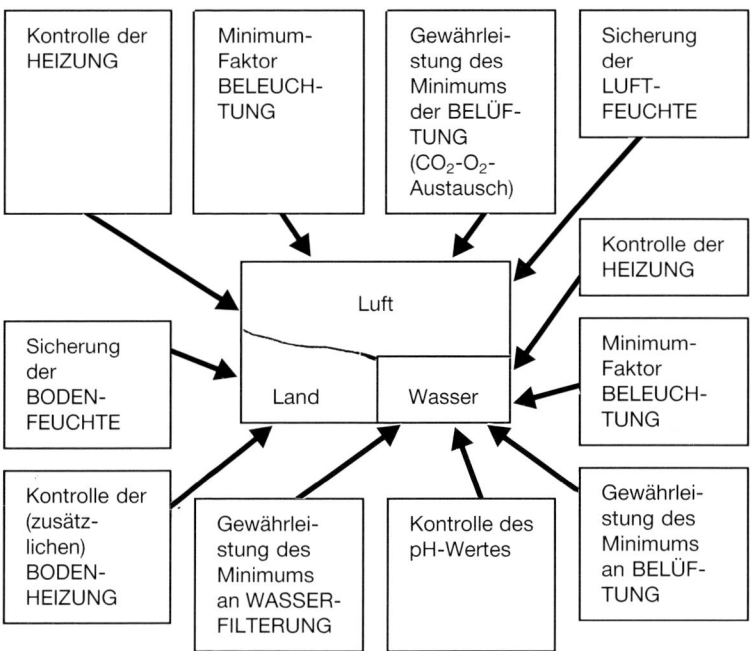

Abb. 13: Wichtige abiotische (künstlich zu steuernde) Faktoren für das Paludarienklima

gleichen Fronthöhe anschließen können (und dann mit einer herausnehmbaren Scheibe bestückt werden können) oder aber vom Boden bis zur Abdeckung als eine durchgängige Fläche eingeklebt werden.

Der Lampenkasten sollte mit dem Paludarium bündig abschließen, da Spalten und Ritzen unser Belüftungssystem stören; besonders bei Warmluftzufuhr aus dem Lampenkasten wird durch jede Spalte die warme Luft eher in den Zimmerraum geblasen als in das Paludarium. Es gibt die unterschiedlichsten Möglichkeiten, den Lampenkasten zu erreichen, von einfachen Schubladenmechanismen bis hin zu höhenverstellbaren Flaschenzügen. Welchen Weg man einschlägt, ist an sich unerheblich – die Zugänglichkeit zu Lampen und Ventilatoren sowie ihre Wartungsfreundlichkeit sollte jedenfalls keine Probleme aufwerfen. Oft reicht es schon aus, die vordere Seite aufklappen zu können, um z. B. ältere Leuchtstoffröhren auszuwechseln. Da es sich manchmal nicht umgehen läßt, den Lampenkasten abzunehmen, sollten die elektrischen Geräte vom Hauptstromnetz zu trennen sein, etwa durch Steckverbinder. Eine farbige Markierung oder Beschriftung ist besonders bei mehreren Stromkreisen erforderlich und anzuraten.

5. Technische Ausstattung

Die elektrische Sicherheit ist gerade bei der Feuchtraummontage eines Paludariums eine unabdingbare Voraussetzung. Zunächst sollten wir feststellen, ob alle Leitungen in Ordnung sind und die Schutzerdung überhaupt ordnungsgemäß angeschlossen ist. Manchmal stößt man auf die abenteuerlichsten Verhältnisse.

Den Ausgangspunkt unserer überprüften und möglicherweise neuverlegten elektrischen Kabel sollte ein Fehlstromschutzschalter bilden. Seine Funktion kann uns vor einem vorzeitigen Ende durch Stromschlag bewahren, das zu erwarten ist, wenn ein Kurzschluß durch einen abgesprungenen Draht anstelle unserer Lampe das gesamte Paludarium unter Strom setzt. Selbst geringe Fehlströme reichen aus, um den Stromkreislauf durch den Fehlstromschutzschalter unterbrechen zu lassen; für unsere Sicherheit und als Schutz vor schmorenden Kabeln ein unschätzbarer Vorteil.

Abb. 14: Die Schaltzentrale ist das Herzstück des Paludariums und muß entsprechend sorgfältig geplant und angelegt werden.

Abb. 15: Cryptocorynen im Flachwasserteil verstärken den Eindruck einer Uferlandschaft.

Der Schutzschalter kann im Sicherungskasten dem paludarieneigenen Stromkreis vorgeschaltet werden, alle Ein- und Ausgänge laufen folglich über ihn. Wir können aber auch den gesamten Wohnungsanschluß absichern, was auch bei anderen elektrischen Geräten von Nutzen ist. Trotz dieser Absicherung sollten elektrische Experimente unter allen Umständen unterbleiben, da oft die Gefährlichkeit unterschätzt wird und ein Fehlstromschutzschalter für uns keinesfalls einen Freifahrtschein in Sachen Elektrik darstellt. Da die Anlage mehrere Jahre ununterbrochen und störungsfrei in Funktion sein soll, sind Sparsamkeit und Eile auf Kosten der Sicherheit fehl am Platze.

Allerdings sollten wir die Technisierung nicht zu weit treiben und unser Paludarium zu einer Elektronikshow machen. Zeitschaltuhren für verschiedene Stromkreise und thermostatgesteuerte Belüftung und Ventilatoren sind innerhalb der notwendigen Ansprüche; Dämmerungsschaltungen, vollautomatische Berieselungs- oder Futterautomaten reichen jedoch schon weit in die Entfremdung von der eigenen Beschäftigung und Versorgung des Paludariums hinein.

5.1 Beleuchtung

Zugunsten der artgerechten Haltung sollte unseren Heimtieren, ebenso wie den Pflanzen, ausreichend Licht – zumindest in der Form von Kunstlicht, am günstigsten natürlich als Sonnenlicht – geboten werden. Wir gehen bei unserem Paludarium in der Regel von der Pflege tropischer Lebewesen aus, deren Licht- und Wärmebedarf sehr häufig deutlich über dem unserer einheimischen Arten liegt.

An erster Stelle möchte ich die Leuchtstofflampen nennen, die eine Vielzahl positiver Eigenschaften aufweisen. Da besonders die großen, voluminösen Paludarien mit entsprechendem Wasserteil einen hohen Lichtbedarf haben, müssen wir auf eine günstige Kombination von Anschaffungspreis und Wirkungsgrad achten. Leuchtstoffröhren sind einerseits relativ billig, haben eine fast flächige Lichtabgabe und eine wesentlich höhere Lichtausbeute als die meist im Wohnbereich benutzten, aber völlig unwirtschaftlichen Glühlampen.

Leuchtstofflampen bestehen aus verschiedenen Einzelteilen, die als handelsübliche Komplettfassung erhältlich sind. Von 60 cm und

Tabelle 2: Lichteinfall in Regenwaldgebieten
(nach: GEIGER: Das Klima der bodennahen Luftschichten)

Waldetage	Höhe in m	Lichtmenge in % der Außenhelligkeit
Himmelseinstrahlung	–	100
Oberer Kronenraum	25–23	25
Gipfel kleinerer Bäume	18–12	6
Stammraum	9– 6	5
Waldboden	0	1

Tabelle 3: Beleuchtungsstärken der gemäßigten Breiten unter verschiedenen Bedingungen
(aus: NIETZKE: Fortpflanzung und Zucht von Terrarientieren)

Volles Sonnenlicht im Hochsommer	100 000 lux
Im Schatten eines Baumes	10 000 lux
Überdachter Balkon	5 000 lux
Am Zimmerfenster	2 000–3 000 lux
Glühlampenlicht im Zimmer	20–40 lux

Tabelle 4: Lichtverlust im Paludarium
(nach: PAFFRATH: Bestimmung und Pflege von Aquarienpflanzen)

Ohne Abdeckung	60 %
Dunkler Lampenkasten	40 %
Metallfolie als Reflektor	10 %
Stark verschmutzte Abdeckscheibe	20 %
Frisch gesäuberte Abdeckscheibe	5 %

Tabelle 5: Abnahme der Lichtintensität im Aquarium
(aus: PAFFRATH: Bestimmung und Pflege von Aquarienpflanzen)

Höhe in cm	Lichtintensität in % der abgestrahlten Lichtstärke
0	100
10	90
20	80
30	65
40	50

18 (20) Watt bis hin zu 150 cm Länge und 58 (65) Watt sind Leuchtstoffröhren erhältlich. Zu speziellen Zwecken werden auch andere Maße gefertigt, z. B. die Mini-Röhren für Kleinstaquarien. Dank der großen Angebotspalette bleibt uns ein großer Spielraum, das Paludarium mit geeigneten Röhren auszustatten. Selbst platzsparende U- und Ringröhren werden angeboten, wie sie in Küchen- und Büro-Deckenleuchten eingesetzt werden, wo nur wenig Platz vorhanden ist, trotzdem aber viel Licht benötigt wird.

Auf dem Markt gibt es verschiedene Typen und Lichtfarben. Einige erbringen sehr gute Erfolge sowohl für die Pflanzen als auch für die Tiere, so z. B. rötliche Warmton-, neutralweiße Kaltton- und blaugrüne Pflanzenröhren, deren unterschiedliches Lichtspektrum für unterschiedliche Nutzungen gedacht ist. Die Pflanzenröhren (z. B. Osram Fluora) sind speziell für den Einsatz in bepflanzten Terrarien, Pflanzenvitrinen, Blumenfenstern u. ä. gedacht, da sie in dem grünblauen Spektralbereich, den die Pflanzen für die Photosynthese nutzen, eine höhere Lichtabgabe haben als die anderen Röhren. Leider vermitteln sie uns deshalb einen im Vergleich zum neutralen Sonnenlicht farbverfälschenden Eindruck, der einen alleinigen Einsatz dieser Pflanzenröhren nicht ratsam erscheinen läßt.

Die Warmton-Röhren der unterschiedlichsten Hersteller sind in der Regel ungeeignet, da sie die geringste Lichtabgabe im Verhältnis zu ihrer Stromaufnahme (Wirkungsgrad) haben.

Die Kaltton- oder Neutralton-Röhren sind sowohl von ihrem Spektrum als auch der Lichtausbeute die günstigste Möglichkeit. Sie haben eine dem Sonnenlicht angeglichene Farbwiedergabe und bewirken ein nicht farbverfälschendes, wenn auch etwas kühles Licht im Paludarium.

Es gibt seit einigen Jahren eine neue Serie von Leuchtstoffröhren, die etwa 10 % weniger Energie verbrauchen (bei 65 cm Länge anstatt 20 nur 18 Watt), zudem aber eine wesentlich höhere Lichtausbeute haben, die um 50 % höher ist als bei der herkömmlichen Serie bei gleichem Stromverbrauch. Die verschiedenen Hersteller haben zumindest für die gängigen Größen (65, 90, 120 und 150 cm) die neue, energiesparende Generation in ihrem Verkaufsprogramm. Leider liegt ihr Preis um 80 bis 100 % höher, was sich durch ihren höheren Wirkungsgrad und die fast verdoppelte Lebensdauer wieder ausgleicht.

Ein für Terrarianer entwickelter Typ aus den USA ist die sogenannte True-Light-Röhre, deren Eigenschaften vom Hersteller in den Himmel gehoben werden, weil sie in Lichtausbeute, Lebensdauer und Spektralzusammensetzung als einzigartig und alles herkömmliche übertreffend gilt. Als einzige unter den verschiedenen Typen gibt man bei ihr seitens des Herstellers einen hohen UV-Anteil (Ultra-Violett) an, der für die Knochenentwicklung der Tiere wichtig ist.

Nach einer Untersuchung des Zentralverbandes der Elektrotechnischen Industrie (KRAUSE 1985) sind ihre Eigenschaften jedoch alles andere als die vom Hersteller angepriesenen: Der UV-Anteil liegt zwar um den dreifachen Wert über dem der anderen Lampen, immer noch aber weit niedriger als die Hälfte der natürlichen Strahlung. Ihr Wirkungsgrad liegt sogar um 50 % niedriger als der der neuen stromsparenden 3-Banden-Lampen (z. B. Osram „Lumilux" oder Philipps „Super 80"). Die True-Lite-Röhren sind demnach völlig unwirtschaftlich, wenn man den extrem hohen Anschaffungspreis noch mit berücksichtigt.

Eine grundsätzliche Frage muß man sich anfangs immer stellen: Wie hoch ist der Lichtbedarf eines Paludariums eigentlich? Meist werden nur sehr vage Andeutungen gemacht, da jeder seine Erfahrungswerte hat, die sich im Laufe der Zeit herausgestellt haben und meist nur für ein bestimmtes Paludarium zutreffen. Grundsätzlich kann man ein großes Vivarium gar nicht zu stark beleuchten. Bei einer Länge 100, Höhe 80 und Tiefe 50 cm müssen mindestens 3 Leuchtstoffröhren von 90 cm Länge (entsprechend 90 Watt) installiert werden. Die Pflanzen des Luftraumes würden mit 2, maximal 3 Röhren auskommen, wenn es sich nicht gerade um sehr lichthungrige Tillandsien oder Orchideen handelt. Ein zusätzlicher Lichtbedarf besteht jedoch beim Wasserteil, da das Wasser mehr Licht „schluckt" als Luft. Dichtes Pflanzenwerk erhöht in beiden Fällen den Lichtbedarf erheblich. Größere Paludarien – besonders wenn sie sehr hoch sind, können anstelle der vorher genannten 90 Watt bis 300 Watt und mehr zum Gedeihen der Pflanzen benötigen. Allein durch Luftstoffröhren wird es bei einem Abstand von der Lampe zur Wasseroberfläche von 100 bis 150 cm kaum mehr gelingen, den Bodenpflanzen in einem 50 cm tiefen Aquarium ein akzeptables Wachstum zu ermöglichen. Andere Beleuchtungskörper werden notwendig; sie müssen anstelle des Flächenlichtes der Röhre auch in 150 oder 200 cm Entfernung noch genügend Helligkeit bringen.

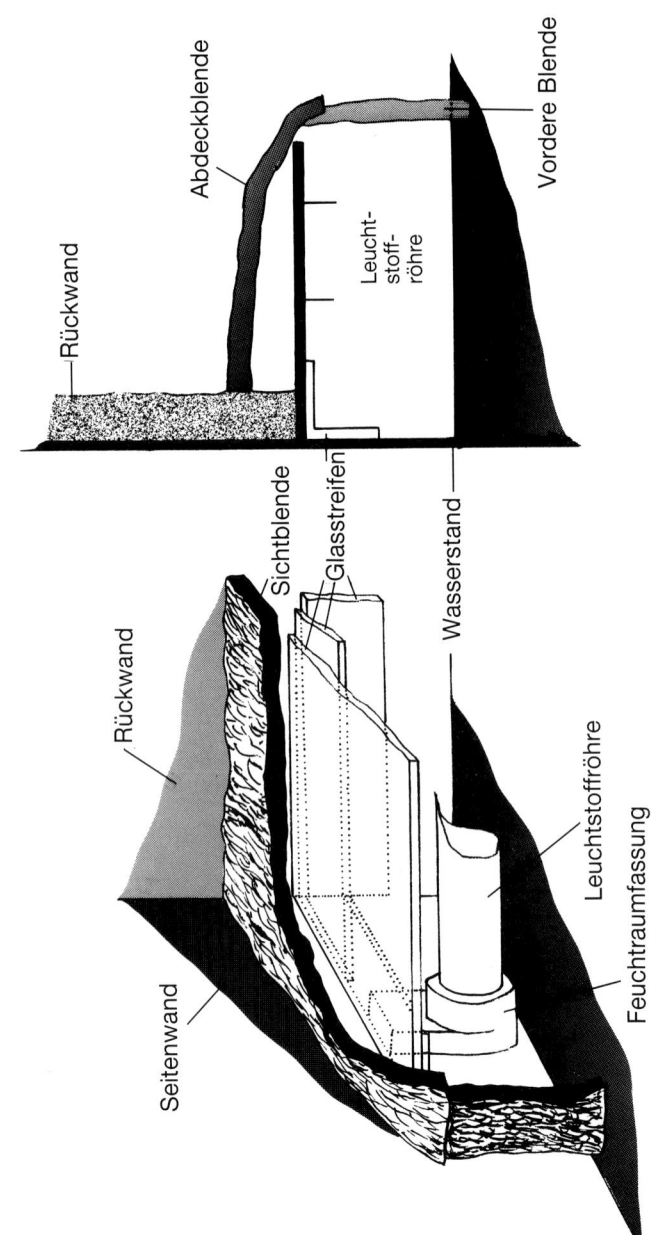

Abb. 16a: Konstruktionshilfe: Rückseitige Leuchtstoffröhren-Montage zur gezielten Beleuchtung des Wasserteils.

Abb. 16b: Querschnitt

Um bei den Leuchtstofflampen zu bleiben, können wir auf eine – wenn auch räumlich stark begrenzte – Möglichkeit zurückgreifen. Wir können mit feuchtigkeitsgesicherten Fassungen, sogenannten Feuchtraumfassungen, Leuchtstofflampen selbst an feuchten Orten anbringen, zum Beispiel knapp über der Wasseroberfläche. Die hinteren Bereiche des Wasserteils erhalten dank der stark die Wasseroberfläche beschattenden Landpflanzen nur sehr wenig Licht; Wachstum ist hier völlig ausgeschlossen. Wenn nun hinter einer versteckten Blende eine Leuchtstofflampe installiert wird, kann dieser Bereich gezielt beleuchtet werden, ohne daß der Betrachter diese niedrig liegende Lichtquelle wahrnehmen kann. Eine Konstruktionshilfe dazu ist in Abb. 16 dargestellt.

Unter allen Umständen sollten die Kontakte gut isoliert sein und so gegen Spritzwasser und Luftfeuchtigkeit geschützt werden. Die Zuleitungen können hinter der Rückwand in einem ausgesparten Kanal, z. B. einem PVC-Rohr, nach oben in den Lampenkasten geleitet werden, ebenso wie Zuleitungen von Heizungen und Filterschläuche.

In der Anschaffung recht teuer – ab 60,– DM – sind die Metalldampflampen, z. B. Quecksilberhochdrucklampen, die in sehr wattstarken Ausführungen in Laternen und Industriebeleuchtungen Verwendung finden. Kleinere, ab 80 Watt starke Lampen mit sehr gutem Wirkungsgrad bilden für die Tiefenbeleuchtung die günstigste Alternative. Ähnlich wie die Leuchtstoffröhren werden Quecksilberdampflampen auch mit einem Vorschaltgerät betrieben, was für die Heizung des Paludariums interessant ist. Sie haben ein annähernd neutrales Lichtspektrum.

Einen entscheidenden Nachteil haben sie allerdings im Vergleich zu Leuchtstofflampen: Sie entwickeln sehr viel Wärme, deshalb dürfen sich in weniger als 50 bis 80 cm keine Pflanzenteile befinden, da sie durch die hohe Strahlungswärme unweigerlich vertrocknen. In kleineren, oben geschlossenen Paludarien sollten diese ansonsten günstigen Beleuchtungskörper nicht eingesetzt werden, da die Minimalentfernung zum Bewuchs wegen der notwendigen Luftfeuchtigkeit nicht eingehalten werden kann und auch das Paludarium bei schlechter Belüftung sich schnell überhitzen kann.

Um der hohen Wärmeentwicklung Rechnung zu tragen, müssen wir die Quecksilberdampflampen separat mit einer Entlüftungsmöglichkeit versehen. Dazu reicht eine 10×15 cm große, eventuell durch einen Schieber veränderbare Öffnung direkt über der Lampe, aus der die erwärmte Luft zwangsläufig abzieht, ohne daß sie sich negativ auf das Paludarienklima auswirkt. Wenn ein Ventilator für die Entlüftung sorgt, die warme und verbrauchte Luft aus dem Paludarium herauszieht, kann gleichzeitig auch die Wärme der Lampen mit abgeführt werden (siehe Abb. 17).

Um eine möglichst hohe und intensive Leuchtdichte zu erreichen, müssen wir die ohnehin notwendige Abdeckung des Paludariums verkleiden. Zweckmäßig ist es, wenn zumindest eine weiße Lackierung oder Kunststoffbeschichtung angebracht wird. Die Reflexion wird erheblich gesteigert, die Lichtqualität gegenüber hellem Holz positiv verändert: Holz läßt das neutrale Licht gelb erscheinen, eine naturfarbene Abdeckung verfälscht somit erheblich das Licht und schluckt (absorbiert) zudem einen beträchtlichen Teil gegenüber einer weißen Oberfläche (siehe Tabelle 4).

Abhilfe schaffen kann auch eine Verkleidung mit Aluminium-Folie, wie sie im Haushalt üblich ist, oder Heizdämmplatten, deren metallische Oberfläche sich lichtneutral verhält, trotzdem aber eine deutlich höhere Reflexion bewirkt.

Wer die bestmögliche Reflexion und damit fast 100%ige Lichtausbeute erhalten will, kann die Abdeckplatte mit Spiegelkacheln oder alten auf Größe geschnittenen Spiegelteilen auskleiden. Dies bringt gegenüber unbehandelten Oberflächen bis zu 20 % mehr Lichtausbeute.

Manchmal werden auch Reflektoren angeboten, die die gesamte Länge der Leuchtstoffröhren einfassen. Diese polierten Metallflächen reflektieren das Licht nach unten, sind leider aber nicht sehr langlebig, da sie im feuchtwarmen Klima nach einiger Zeit von den Rändern her milchig anlaufen und sich trüben.

Quecksilberhochdrucklampen sollten mit einem eigenen Rundreflektor ausgestattet werden, um eine zu hohe Streuung zu vermeiden, da schließlich der Wasserteil gezielt ausgeleuchtet werden soll.

Einen Haken hat der Tierbesatz in Hinblick auf die Beleuchtung des Paludariums: Pflegen wir nur Pflanzen im Landteil, so können die Lampen problemlos direkt im Luftraum hängen (natürlich sollten dann Feuchtraumfassungen benutzt werden). Bei Tierbesatz jedoch muß der Luft- vom Beleuchtungsraum getrennt sein, um die

Tiere vor Kontakt mit den zum Teil reicht heißen Lampen zu schützen.

Als einfachste Möglichkeit bietet sich Fliegendraht an, der zwar die Tiere in dem für sie vorgesehenen Raum zurückhält, leider aber auch viel Licht schluckt. Besonders die feinmaschige, auch für Fruchtfliegen nicht durchlässige Gaze ist als „Lichtfresser" anzusehen und muß regelmäßig gereinigt werden, bis zu 20 % kann der Lichtverlust hier betragen. In der feuchten Umgebung wachsen Algen recht gut und färben den Stoff grünlich.

5.2 Heizung

Um ein Paludarium auf die notwendige Temperatur zu bringen – sie liegt etwa um 25 bis 28 Grad C – muß man nicht viel Aufwand treiben, da zumindest im Sommer und Herbst eher die Gefahr einer Überhitzung besteht als die der Unterkühlung. Die Beleuchtungskörper geben so viel Wärme ab, daß ohne weiteres die erforderliche Temperatur erreicht wird. Zum zweiten muß der Wasserteil ebenfalls eine angemessene Temperatur aufweisen, damit es nicht zu einem zu starken Wärmesprung zwischen dem feuchten und dem luftigen Element kommt. Der Wasserteil sollte – je nach gepflegten Pflanzen und Tieren – in der Regel zwischen 21 und 25 Grad C Temperatur aufweisen, eine zusätzliche Wassererwärmung wird deshalb notwendig.

Für die Heizung des Wasserteils sind in erster Linie drei Wärmequellen zu nennen. Die einfachste und in der Anschaffung billigste Ausführung ist der Aquarienheizstab mit Regler, der das Wasser auf die eingestellte Temperatur bringt. Er ist einfach zu montieren und wird mit seinen Saugfüßen an eine Glasfläche geheftet. Von 15 bis 300 Watt sind diese Regelheizstäbe zu bekommen, man sollte allerdings den Heizstab auf die Beckengröße abstimmen. Pro Liter Wasser sollte in etwa 1 Watt Heizleistung zur Verfügung stehen – bei großen Becken kann das eine ganz erhebliche Menge sein, die sich letztendlich auf der Stromrechnung bemerkbar macht. Es ist günstiger, zwei kleinere Heizer einzubauen anstelle eines einzelnen großen, um so auch bei Störungen noch mit einem Heizer die Temperatur halten zu können.

Eine flächige Heizung, die Heizmatte, wird im Gegensatz zum Heizstab außerhalb des Aquariums angebracht (unter das Becken gelegt) und erwärmt die darüberliegende Glasfläche und das Wasser. Eine gleichmäßige Zirkulation des warmen Wassers der bodennahen Schichten zur Oberfläche wird so ohne weitere Hilfsmittel erreicht. Leider sind diese Heizmatten sehr teuer und können bei Defekten wesentlich schlechter ausgetauscht werden – schließlich steht unser komplettes Paludarium darauf.

Gleichermaßen für Aquarien wie auch Terrarien gibt es flexible Kabelheizer, die im Wasser oder in der Erde verlegt werden. Diese Kabelheizer gibt es in verschiedenen Längen und Stärken, die wie auch die Heizmatten in ihrer Leistung von der Größe abhängig sind. Innerhalb des Wassers ist der Wirkungsgrad recht gut – das im Bodengrund verlegte Kabel erwärmt das Wasser ebenso wie der Heizstab –, in Erde eingebettet ist der Wirkungsgrad jedoch sehr gering, da die Wärme nur sehr ungleichmäßig und schlecht abgeleitet wird. Der Bodengrund hat im Gegensatz zum Wasser eine faserige und krümelige Struktur mit vielen luftgefüllten Hohlräumen, die Wärme staut sich deshalb in der Nähe des Heizkabels, was zur Schädigung von benachbarten Wurzeln führt. Beim Einsatz in schlecht wärmeleitenden Stoffen sollte man von Heizkabeln auf jeden Fall Abstand nehmen.

Mittels einer Filter-Heiz-Kombination kann das Wasser nicht nur erwärmt, sondern gleichzeitig auch temperiert werden. Das thermostatgesteuerte System wird außerhalb vom Aquarium angebracht, was die Handhabung erleichtert. Leider ist mit einem Ausfall oft sowohl die Filterung als auch die Heizung betroffen, was im Vergleich zu getrennten Systemen ein Nachteil ist. Gerade das Paludarium mit seinen wesentlich höheren Verunreinigungen provoziert einen stärkeren Ausfall des Filtersystems, man sollte sich die Möglichkeit gut überlegen, ob nicht doch die „veraltete" Technik sich im nachhinein als günstiger erweist.

Neben der dauernden Notwendigkeit der Heizung des Aquarienteils muß zumindest für die kalte Jahreszeit eine Heizmöglichkeit auch für den Land- und Luftteil des Paludariums vorhanden sein. Besonders der Luftraum benötigt eine separate Heizung, wenn auch das warme Wasser die Luft- und Bodentemperatur sowie Luftfeuchtigkeit nachhaltig beeinflußt.

Leider sind die Heizsysteme für die Terraristik wesentlich ineffektiver als die jahrzehntelang verbesserte Aquarienheiztechnik. Man muß hier sehr oft zu Eigeninitiative greifen, wenn auch seine Kreativität zugunsten der elektrischen Sicherheit etwas bremsen. In der Regel sind es sehr einfache Mittel, mit denen eine weitaus günstigere Möglichkeit (im Hinblick auf die Stromrechnung) gegeben ist als bei aufwendigen Heizsystemen.

Eine lokale Erwärmung kann mit handelsüblichen Aquarienheizstäben erreicht werden – zu achten ist auf eine Leistung von höchstens 10 Watt; ein stärkerer Heizstab kann platzen und dann möglicherweise das Paludarium unter Strom setzen. Aquarienheizer können z. B. in hohle Korkröhren oder auch in flache, mit Wasser oder Sand gefüllte Schalen eingebaut werden, die man an geeigneten Orten aufstellt. Tiere dürfen allerdings keine direkte Kontaktmöglichkeit haben, da sie sich Verbrennungen auch an sehr niedrig ausgelegten Heizern zuziehen können.

Der Nutzen eines solch kleinen Heizkörpers ist sehr gering und lokal begrenzt, da nur das ihn umgebende Material erwärmt wird; Tiere können sich an diesen Stellen förmlich „sonnen".

Strom im Paludarium erfordert erhöhte Sicherheitsmaßnahmen. Man sollte sich vor irgendwelchen „Erfindungen" hüten, die den gesamten Behälter unter Strom setzen und unser Leben gefährden könnten. Was sich bei trockenen Wüstenterrarien bewährt hat, sollte hier nicht ausprobiert werden: Ich denke an Glühlampen und ausgebaute Leuchtstofflampendrosseln, die im Bodengrund oder in der Rückwand in einem kleinen Kästchen zur Bodenerwärmung versteckt werden. Zu schnell kann an einer undichten Stelle Feuchtigkeit eindringen und einen Kurzschluß verursachen.

Man sollte soweit wie möglich auf elektrische Verbraucher im Paludarium selbst verzichten, da sie sich oft im (hoffentlich spritzwassergeschützten) Aufbau genausogut anbringen lassen, wobei wir die Gefahr eines unkontrollierten Defektes eher ausschließen können.

Zwei Dinge müssen wir unbedingt beachten, wollen wir ein einwandfreies Funktionieren des Paludariums gewährleisten: Zum einen darf die Luftfeuchtigkeit nicht zu sehr absinken – eine große Lüftungsfläche würde dies bewirken. Denselben Effekt hat die übermäßige Zuführung von warmer und trockener Luft. Zum zweiten darf die Temperatur nicht zu sehr ansteigen, um eine Überhitzung zu verhindern. Wir müssen folglich zu einem Kompromiß zwischen Luftzufuhr und Heizung kommen.

Dazu bietet sich der Einsatz eines Ventilators an, der die ohnehin erwärmte Zimmerluft in das Paludarium bläst – oder aber die warme Luft aus dem Paludarium abzieht. Leuchtstofflampen werden zwar immer als „kalte Lichtquellen" bezeichnet, setzen aber auch reichlich Wärme sowohl über die Drossel als auch die Röhre frei. Die notwendigen Lichtmengen bringen eine beachtlich hohe Wärmeentwicklung mit sich. Es lohnt sich durchaus, ein oder zwei Röhren zusätzlich einzusetzen und deren Abwärme zur Heizung des Paludariums mittels eines kleinen Ventilators zu nutzen, statt zusätzlich einen 100 Watt starken Heizstrahler einzusetzen, dessen Wirkungsgrad in einem Paludarium kaum kontrolliert werden kann. Mit drei Leuchtstoffröhren à 90 cm (entsprechend 3×30 Watt) können wir in der Regel die erforderliche Lufttemperatur in einem kleineren Paludarium von 1 m Länge erreichen.

Die Kombination von zusätzlichen Lichtquellen und gleichmäßiger Wärmezufuhr wirkt sich auf das Klima wesentlich günstiger aus als die weithin propagierten Infrarot(=Heiz-)strahler. Die Pflanzen wachsen deutlich besser, und eine zusätzliche Heizung wird nahezu überflüssig. Eine Luftumwälzung mittels Kleinventilator verhindert Stickluft im unteren Bereich des Paludariums – besonders die durch Blätter abgeschirmten Ecken sind sehr oft nur unzureichend belüftet.

5.3 Belüftung

Die Gesichtspunkte der Heizung und der Belüftung sind eng miteinander verknüpft. Folgendes sollte man sich ausreichend vor dem Bau des Paludariums überlegen:

1. Soll eine Belüftungsmöglichkeit im Paludarienkörper vorgesehen werden? Notwendig sind sowohl Luftumwälzung als auch Frischluftzufuhr oder Abführung verbrauchter Luft. Lüftungsschlitze an der Seite oder der Front sind in unsere großen Paludarien nicht einzuplanen, da sie den Bau erschweren und die Stabilität der Konstruktion herabsetzen. Eine Lüftungsmöglichkeit in der Abdeckung ohne weitere technische Hilfsmittel reicht nicht aus!

2. Ist die Möglichkeit der Luftzufuhr-Regelung gegeben? Je nach Jahreszeit ist es notwendig, mehr (im Sommer) oder weniger (im Winter) Luft zuzuführen. Ein regelbarer Schieber in der Abdeckung,

wie er bei der Toilettenraumbelüftung eingesetzt wird, reicht völlig aus. Zum anderen sollte die Lüftungsfläche in der Decke zwischen Beleuchtungs- und Paludarienraum aber auch so bemessen sein, daß sie durch Abdeckung mit Glasscheiben ebenfalls regulierbar ist. Eine Breite von 20 cm bei einer Gesamttiefe von 50 cm und mehr reicht aus. In jedem Falle sollte man aber schon vorzeitig bedenken, daß ein zu hoher Luftaustausch die erforderliche Feuchtigkeit unter das notwendige Minimum absinken läßt. Die Wasserfläche mit der aquarieneigenen Heizung erhöht zwar die Luftfeuchtigkeit nachhaltig, trotzdem kann es passieren, daß die Luftfeuchte (in Wassernähe rund 100 %) in Lampennähe auf 30 % vermindert ist. Solche klimatischen Unterschiede werden von den tropischen Blattpflanzen nicht verkraftet, dies kann zu einem Pflanzensterben führen. Die notwendige Vorsorge kann durch die Einplanung einer veränderbaren Lüftungsöffnung getroffen werden.

3. Jahreszeitlich bedingte Schwankungen der Zimmertemperatur wirken sich auf das Paludarium aus. Regelmöglichkeiten, z. B. Abschalten einzelner Lampen im Sommer oder zusätzlicher Heizungen im Winter (oder nachts) sollten in Erwägung gezogen werden, bevor es sich als unumgänglich erweist. Besonders, wenn die Zimmerheizung zur Erwärmung des Paludariums eingeplant wird, kann es zu Problemen kommen.

4. Die Luftumwälzung mit einem Ventilator darf nicht zu stark und muß ebenfalls regelbar sein. Der Ventilator muß auf Dauerlauf ausgerichtet sein; die normalen Tischventilatoren sind aus diesem Grund für unsere Zwecke völlig ungeeignet, da ihre Lebensdauer recht begrenzt ist. Hier können die Elektronikhandlungen aushelfen. Selbst kleine Radiallüfter haben erstaunlich hohe Luftumwälzleistungen und eignen sich für kleinere Paludarien. Die beidseitig gelagerten Axial- oder Walzenlüfter erreichen sehr hohe Leistungen und sollten besonders in großen Paludarien eingesetzt werden. Da unsere Lüfter auf Dauerlauf ausgerichtet und in der Drehzahl über eine Zusatzelektronik regulierbar sein sollten, muß an eine sichere Befestigung gedacht werden. Walzenlüfter haben entsprechende Halterungen oder Bohrungen und können meist problemlos montiert werden. Radiallüfter dagegen werden fast immer nur als Laufwerk angeboten, das zum Einbau vorgesehen ist. Man sollte vor allem letztere an sicheren und vibrationsfreien Halterungen anbringen, um unangenehme Laufgeräusche zu verhindern.

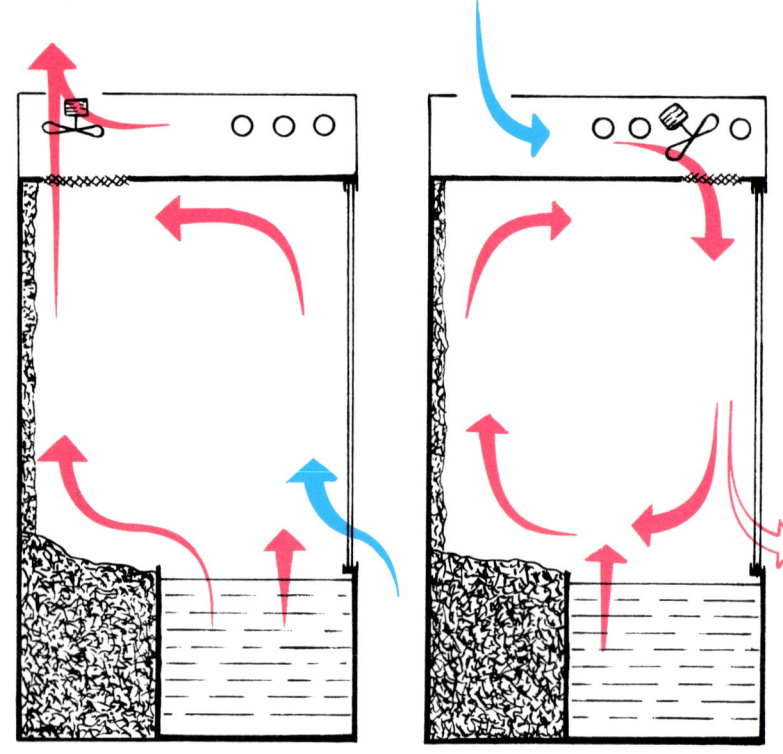

Abb. 17: Luftzirkulation bei Abführung der Warmluft (Frischluft strömt zwischen den Schiebescheiben nach).

Abb. 18: Luftzirkulation bei Zufuhr von vorgewärmter Luft.

Zu beachten ist eine niedrige Drehzahl unseres vorgesehenen Radiallüfters, nur die um etwa 1 000 bis 1 500 Umdrehungen pro Minute laufenden Ventilatoren sind eine für uns zufriedenstellende Möglichkeit. Oft sind unterschiedlich große Lüftungsräder erhält-

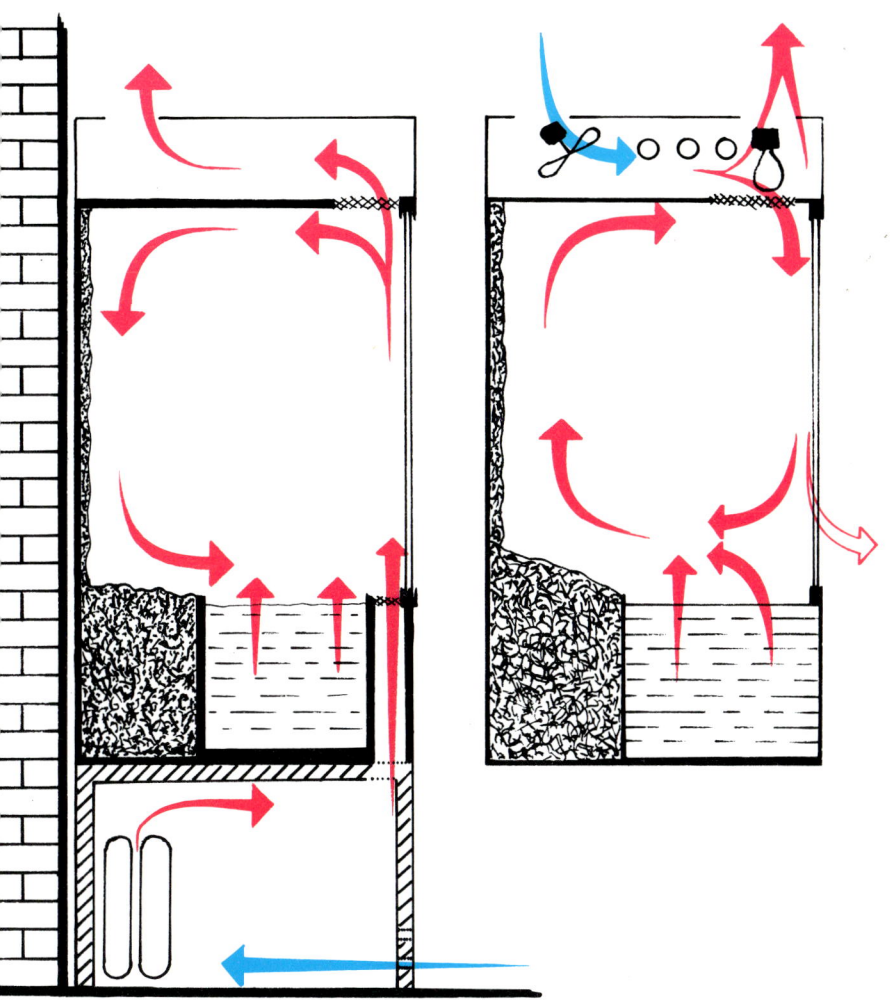

Abb. 19: Luftzirkulation bei Belüftung durch vorgewärmte Luft aus dem Unterbau des Paludariums.

Abb. 20: Luftzirkulation mit notwendiger Zwangsentlüftung der Beleuchtungsabdeckung.

lich, die sich je nach Flügelstellung zum Einblasen der Luft wie auch zum Herausbefördern eignen.
Ein für die Luftumwälzung vorgesehener Ventilator sollte nicht den gesamten Tag über laufen, sondern etwa 3mal täglich jeweils eine

Stunde. Nach dem Anschalten der Beleuchtung, um die Mittagszeit und nach Abschalten der Beleuchtung sind günstige Zeiten, wobei besonders die abendliche Nachlaufzeit für die für die Pflanzen sehr wichtige Luftbewegung sorgt: Die Feuchtigkeit wird gleichmäßig verteilt, es findet kein Wärme- und Stickluftstau statt, und die Blätter können allmählich abtrocknen.

Die Zufuhr von Frischluft kann ein zweiter Ventilator übernehmen, der im Gegensatz zum Umwälzlüfter den ganzen Tag laufen kann. Zwei Möglichkeiten bestehen hier: Entweder soll der Ventilator die Zimmerluft ansaugen und die verbrauchte Luft so aus dem Paludarium drücken (Abb. 18 und 29), oder aber er bläst die verbrauchte Luft heraus, und zwangsweise wird frische Luft in das Paludarium gezogen, dazu reichen meist die Zwischenräume der sich überlappenden Schiebescheiben aus (siehe Abb. 17). Am zweckmäßigsten und einfachsten können wir den Lüfter in der Lampenabdeckung unterbringen, wo auch eine Belüftungsmöglichkeit nach außen direkt am Ventilator vorhanden sein muß – ansonsten wäre das Be- und Entlüftungssystem ineffektiv. Die günstige Neigung des Lüfters zu den Frontscheiben zur Verhinderung von kondensierendem Wasser ist anfangs schon dargestellt worden.

5.4 Wasserfilterung

Der Wasserteil des Paludariums wird ungleich höher mit Abfallstoffen belastet als ein Aquarium, da der Kot von Echsen, Schlangen oder Fröschen zusätzlich anfällt. Die Verschmutzung durch eingetragenen Boden kommt hinzu, letzten Endes ist die Wasserverschmutzung um ein Vielfaches stärker. Über die zu bewältigende Menge hinaus wächst die Belastung bei der Haltung fleischfressender Wasserschildkröten, darauf komme ich später zurück.

Das beim Eiweißstoffwechsel der Reptilien anfallende giftige Ammoniak wird in die schwerlösliche Harnsäure eingebaut und stellt einen der wichtigsten organischen Rückstände im Aquarienwasser dar. Die Amphibien geben dagegen den weitaus löslicheren Harnstoff ab – Harnstoff und Harnsäure sind beides Stickstofflieferanten, die in höheren Mengen auf die Wasserbewohner schädlich wirken.

In einem begrenzten System wie dem Paludarium muß deshalb eine sinnvolle Wasserfilterung vorhanden sein, um einer Anreicherung von Stickstoff und Mineralsalzen ebenso wie unverdauten Nahrungsresten, Schwebstoffen und Bodenpartikeln entgegenzuwirken. Dazu eignet sich eine langsame „biologische" Filterung wesentlich besser als eine nur oberflächlich wirkende mechanische Schnellfilterung.

Die Wasserpflanzen und die im Wasser wurzelnden Landpflanzen nehmen zwar einen Teil der tierischen Abfallstoffe auf; eine biologische Selbstreinigung kann aber aufgrund der Mengen bei dichter besetzten Paludarien nicht erfolgen.

Zur Wasserfilterung verwenden wir am günstigsten einen langsam durchströmten voluminösen Außenfilter, der im Vergleich zu den kleineren Innenfiltern eine gründlichere Reinigung ermöglicht. Der Filtertopf kann in den Unterbau des Paludariums verschwinden, nur einige Schläuche müssen noch ein wenig versteckt werden. Eine Kreiselpumpe sorgt für ausreichenden Wasserdurchlauf – wenn auch die Leistung im Paludarium geringer ist als in einem Aquarium, da viele Teile schneller verschmutzen und ein größtmöglicher Durchfluß verhindert wird. Bei Innenfiltern sammeln sich oft die Sinkstoffe in der Nähe des Filters an; beim Filterwechsel wird eine Wolke von unerwünschten Stoffen wieder in das Wasser verteilt und trübt dies längere Zeit.

Günstig sind bei der Wasserfilterung außerdem: eine Wasserströmung und eine Anreicherung mit Sauerstoff durch das austretende, gereinigte Wasser. Beides kann man miteinander verbinden, z. B. durch einen etwas über der Wasserlinie liegenden Einlauf, dem per Luftschlauch eine kleine Aquarienpumpe Luft zuführt. Die Ausströmgeschwindigkeit wird dadurch erheblich gesteigert, anstatt des herausplätschernden Rinnsals reicht die Einlaufgeschwindigkeit zur Wasserbewegung selbst größerer Becken aus.

Wer es ganz elegant machen und auch den Landteil noch mit einbeziehen möchte, kann das Wasser anstelle einer direkten Einleitung über einen kleinen Bachlauf in den Wasserteil zurückschikken. Das Wasser wird dabei ebenfalls mit Sauerstoff angereichert – gleichzeitig bewirkt dies eine merkliche Erhöhung der Luftfeuchtigkeit. Besonders bei der Zurückleitung von erwärmtem Wasser verdunstet in einem Bachlauf sehr viel, mit günstiger Wirkung auf das Paludarienklima und besonders die direkt benachbarten Pflanzen. Oft kann der Bachlauf sogar zum paludarienbestimmenden Element werden, da hier viele kleinere und zarte Pflanzen gepflegt werden können, die ansonsten bei der für sie zu niedrigen Feuchtigkeit keine Chance hätten, etwa das Javamoos oder der Schwarzwurzelfarn.

6. Einrichtung des Paludariums

Es gibt kein Patentrezept für die Einrichtung und „Möblierung" unseres Paludariums; allein der Geschmack und die Gestaltungsfähigkeit des einzelnen sind zu verschieden, als daß man Ideallösungen anpreisen könnte. Alle hier gezeigten Beispiele sollen deshalb nur als Anregungen zur Gestaltung verstanden werden.

6.1 Wasserteil

Die Ausstattung des Wasserteils kann wie in einem „normalen" Aquarium erfolgen, wobei sich dann der Eindruck eines Nebeneinanders von Land- und Wasserteil nicht ganz vermeiden läßt. Wir müssen aber eine Verflechtung beider Lebensräume anstreben.

Die Verbindung von Land und Wasser kann auf unterschiedlichste Weise erfolgen. Ausgehend von einer Fluß- oder Seeuferlandschaft, wie sie in allen tropischen Regionen anzutreffen ist, können wir in dieser Übergangszone eine reichhaltige Flora und Fauna finden, die im oder am Wasser, zum Teil auch amphibisch lebt. Es gibt hier Teile von Wasserpflanzen, die in den Landbereich hineinragen, beispielsweise die Blütenstände von Schwertpflanzen *Echinodorus*, Sumpfschraube *Vallisneria* und Wasserkelch *Cryptocoryne*. Manche Arten bilden auch regelrechte Luftblätter aus, die dann nach Form und Aufbau sich völlig von den meist feingliedrigen Unterwasserblättern unterscheiden, z. B. Hornfarn *Ceratopteris*, da ihnen die tragende und stützende Kraft des Wasserauftriebes fehlt. Daraus ergibt sich, daß in einem Paludarium eine natürlichere Pflege auch von Wasserpflanzen möglich wird, da nicht wie bei Aquarien an der Abdeckscheibe das Pflanzenwachstum enden muß. Wie viele Aquarianer haben sich schon geärgert, weil ihre *Vallisneria* einen Blütenstand ausgebildet hat – leider jedoch nicht an der Aquarienabdeckung das Wachstum stoppt. In der Natur sind

Abb. 21: Niedrigwüchsige Pflanzen, hier *Maranta leuconeura,* sind für Paludarien mit ausgeprägtem Landteil ideale Bodendecker.

Abb. 22: *Episcia cupreata* fügt sich hervorragend in Bodengesellschaften ein.

auch Wasserpflanzen auf die geschlechtliche Fortpflanzung durch Blütenbefruchtung angewiesen, auch wenn in Aquarien in der Regel nur eine vegetative Vermehrung durch Ableger möglich ist.

Es empfiehlt sich, den Grund des Wasserteils nach hinten langsam ansteigen zu lassen, soweit die Größe des Beckens dies erlaubt. Der Eindruck der Uferlandschaft wird dadurch unterstützt. Je nach Tragvermögen des Bodens kann dazu Tuffgestein verwendet werden, es wächst sehr schön und ist bald nicht mehr als künstliche Grenze zu erkennen. Scharfkantige und farblich auffällige Steine sollte man nicht verwenden, um häßliche Störstellen in der ansonsten harmonischen Anordnung der Uferlandschaft zu verhindern. Es bieten sich auch Korkplatten an, die vorher gewässert werden müssen, da sie ansonsten zu leicht sind und aufsteigen. Sie trüben das Wasser bräunlich, besonders die angebotenen Preßkorkplatten, die zu Dämmzwecken im Baugewerbe verwendet werden. Das ist nicht immer im Sinne des Paludarianers, allerdings sind sehr viele tropische Gewässer extrem stark bräunlich gefärbt, weil die vom Boden ausgeschwemmten Huminstoffe ins Wasser gelangen.

Da in der Aquaristik seit längerem Preßkork verwendet wird, ist (hoffentlich) keine nachteilige Wirkung durch die freigesetzten Substanzen zu erwarten. Die in Paludarien gepflegten Wassertiere müssen ohnehin etwas robuster sein – was aber keine Ausgangsbasis zum Überlebenstraining für die Paludarieninsassen sein darf.

Anstelle des Korks kann auch Styropor verwendet werden, der leider wegen seines geringen Gewichts hohen Auftrieb erfährt, so daß die Platten mit Steinen beschwert werden müssen, um nicht wieder zur Wasseroberfläche aufzusteigen.

Die unterste Schicht des Bodens im Paludarium sollte aus einer Styroporplatte bestehen, die den Boden vor ungewollten Beschädigungen, z. B. durch spitze Steine oder eingeklemmte Kieskörner schützt. Zudem kühlt eine Styroporplatte nicht wie beispielsweise das Glas ab, so daß die Wurzeln der Wasserpflanzen vor dem Kontakt mit der zum Teil sehr kalten Bodenplatte bewahrt werden.

Wenn die Platte etwas kleiner als die Bodenscheibe geschnitten wird, können wir verhindern, daß die häßliche weiße Styroporfläche an der Frontscheibe unangenehm sichtbar bleibt.

Wer die vorher beschriebenen Heizplatten, die unter dem Paludarium installiert werden, benutzt, sollte sich eine Isolierung mit

Styropor gut überlegen, da Styropor nicht nur eine Auskühlung, sondern auch eine Aufwärmung verhindert. Die Heizwirkung ist deshalb weitaus geringer, was zu einem wesentlich höheren Stromverbrauch führt.

Die Chemie bringt natürlich auch Baumaterialien mit, die von uns verwendet werden können. Neben dem in Platten und Blöcken erhältlichen Styropor gibt es Polyurethanschaum, der in Kartuschen erhältlich zum Ausschäumen von Hohlräumen verwendet wird. Neben seiner ursprünglichen Verwendung wird der kurz PU-Schaum genannte Stoff mittlerweile in den unterschiedlichsten Bereichen eingesetzt, unter anderem auch zur Modellierung künstlicher Landschaften in Aquarien und Terrarien und sogar in Meerwasserbecken. Diese PU-Schäume sind allerdings weitaus umweltgefährlicher als sich aus den Packungsvorschriften ersehen läßt. Hinweise zum „guten Lüften der Werkräume während des Gebrauchs" sind nur die Spitze eines Eisberges. Vergiftungen können beim Einatmen der Dämpfe des ausschäumenden Materials auftreten ebenso wie Hautschäden und Allergien. Derartige Stoffe sollten nur unter äußersten Vorsichtsmaßnahmen verwendet werden – oder aber wir verzichten auf ihren Einsatz völlig.

Für die Modellierung unseres Unterwasserreliefs kann PU-Schaum benutzt werden wie auch zur Gestaltung der Rückwand. Wie groß die giftige Wirkung von sehr frischem PU-Schaum auf die Tiere und Pflanzen ist, kann man schlecht abschätzen, man sollte aber lieber zwei Tage länger das Material ausdunsten lassen, als zu früh mit weiteren Arbeiten oder gar Tierbesatz anzuschließen. Die Verwendung nach reichlichem Lüften und anschließendem Wässern in der Meerwasseraquaristik läßt allerdings den Schluß zu, daß nach dem Aushärten kaum noch Nachteile auftreten.

Der Bodengrund wird mit Aquariensand und -kies angefüllt. Mit Wurzelstücken und Steinen, auf die z. B. Javamoos *Vesicularia* oder Hornfarn *Ceratopteris* aufgebunden werden können, sind unserer Einfallskraft keine Grenzen gesetzt. Allerdings sollten wir hier nicht zu bizarre Formen verwenden, um den Eindruck von Kitsch zu vermeiden. Je natürlicher die Steine und Wurzelstücke sich in das Gesamtbild einfügen, um so besser wird die Wirkung auf den Betrachter letztendlich sein.

Die Wasserpflanzen sollten terrassenförmig angeordnet werden, damit nicht hochwüchsige Pflanzen den Blick auf kleinere versper-

Abb. 23: Pfeffer-Arten *Peperomia* sind zur Bodenbepflanzung wie auch für Epiphytenäste geeignete Pflanzen.

ren. Auch die Lage zur Oberfläche und damit zu den Landpflanzen muß beachtet werden, damit alle Pflanzen an dem ohnehin kaum ausreichenden Lichtangebot teilhaben können. Die Nähe zum Aquarienrand, der von großblättrigen Landpflanzen meist stark beschattet wird, sollte gemieden werden; die Hauptwuchszone sollte und wird wohl der mittlere Teil des Wasserbeckens sein.

Dem „Aufsteigerdrang" der Wasserpflanzen wird andererseits aber von den „heruntergekommenen" Landpflanzen begegnet: In feuchter Umgebung stark wurzelnde Arten wie Baumfreund *Philodendron*, Fensterblatt *Monstera* und Gummibaum *Ficus* wandern zwar nicht direkt in das Wasser hinein, schicken aber ihre Luftwurzeln in den Nahrung versprechenden Wasserteil. Die Kotreste der Fische und Frösche können auf diese Weise „recycled" werden und gelangen wieder in das Nahrungssystem unseres Paludariums. Neben dem Pflanzenwachstum ist die Filterwirkung der Wurzeln, die in manchen Paludarien eine stromverbrauchende Filteranlage fast vollständig ersetzen können, eine angenehme Begleiterscheinung.

Versuche mit biologischen Klärstufen in Form von dichtwurzelnden Pflanzenwannen außerhalb des eigentlichen Aquariums haben gezeigt, daß selbst die Kotmengen der großen Wasserschildkröten durch eine umfangreiche Nährstoffaufnahme der Wurzelstöcke in den Griff zu bekommen sind. Die Pflanzenmasse muß dann allerdings sehr groß sein und ist in einem Paludarium kaum zu erreichen, zumal Schildkröten auch Pflanzenfresser sind und unsere biologische Filteranlage, wenn erreichbar, so schnell wie möglich verspeisen würden.

Manche Landpflanzen lieben nasse Füße so sehr, daß wir sie in die flache Uferzone des Wasserteils auspflanzen können. Fahnenblatt *Spathiphyllum* und Kolbenfaden *Aglaonema* sind zwei der typischen Arten, die solche Behandlung mit respektablem Wachstum begrüßen werden. Die Versauerung des Bodens durch zunehmenden Sauerstoff-Mangel und damit Fäulnis bringt allerdings auch sehr harte Pflanzen zum Absterben. Eine gute Bodendurchlüftung in Form von Kiesbeimischung und anderem lockerndem Material ist unbedingt notwendig, wenn langfristige Pflanzenpflege im Sumpfteil erfolgreich sein soll – und dies sollte unser Ziel bei der Bewirtschaftung eines Paludariums sein.

6.2 Landteil

Der Einrichtung des Landteils muß mindestens so viel Aufmerksamkeit gewidmet werden wie der des Wasserteils, zumal die üppig wuchernden Pflanzen bei unüberlegter Anordnung nach kurzer Zeit kaum noch einsehen lassen, was sich in den hinteren Bereichen abspielt.

Zunächst müssen wir versuchen, den Höhenunterschied zwischen dem Paludarienboden und der Wasserlinie auszugleichen, da der Landteil sinnvollerweise erst in Höhe der Wasserlinie beginnen und zu den abgrenzenden Seiten hin mehr oder minder leicht ansteigen sollte. Da fast alle Tropenpflanzen Flachwurzler sind – die paludariengerechte Größe grenzt ohnehin den „Tiefgang" auch größerer Landpflanzen ein – können wir unsere Pflanzwanne, nämlich den vom Wasserteil abgetrennten Bereich, zunächst mit gewichtssparenden Materialien bis 5 cm unter die gewünschte Höhe, z. B. mit Styropor, anfüllen. Man muß dazu noch nicht einmal den Styropor kaufen; gute Dienste leisten hier die Verpackungen größerer Elektroartikel. Da man hinterher ohnehin nichts mehr davon sieht, können wir diese ungeliebten Verpackungen noch einem sinnvollen Zweck zuführen. Die Pflanzenwurzeln scheint Styropor zur Wurzelbildung durch seine unregelmäßige und warme Oberfläche anzuregen.

In den künstlich angehobenen Böden können wir Aussparungen für Blumentöpfe einplanen; entweder läßt man eine Lücke, oder aber man paßt die Aussparung genau der Blumentopfgröße an. Im Gegensatz zur offenen Pflanzung ohne Topf hat das den Vorteil, daß Pflanzen schnell dem Paludarium entnommen werden können, z. B. zur Säuberung oder zum Austauschen gegen andere Pflanzen. Viele tropische Pflanzen wurzeln in recht kurzer Zeit so stark, daß die einzelnen Wurzelballen benachbarter Pflanzen zusammenwachsen würden. Eine Trennung wäre ohne Beschädigung einer oder mehrerer Pflanzen meist nicht möglich.

Ohne Planung geht es auch hier nicht: Zweckmäßigerweise sollten wir die Pflanzen ähnlich anordnen wie im Wasserteil – die kleineren, bodendeckenden Arten in den vorderen und mittleren Teil; hohe oder klimmende Arten an die Seiten, in den Hintergrund oder an Äste und Stämme, die berankt werden können. Der natürliche Aufbau des Uferabschnittes eines tropischen Flusses läßt sich trotz aller Mühe kaum erreichen; eine Folge wäre möglicherweise ein Blattdickicht aus *Monstera* oder *Philodendron*, deren Lichthunger fast alle anderen Pflanzen überdeckt.

Die Bodenfläche zur Rückwand hin können wir eben oder nur wenig ansteigend anlegen, so daß bodenlebende Tiere wie Salamander oder Kröten mehr Raum zur Verfügung haben – vorausgesetzt, sie bewohnen überhaupt die unzugänglichen und dunklen Bereiche.

Wer eine dichte Bepflanzung besonders im bodennahen Bereich anstrebt, sollte den Boden nach hinten ansteigen lassen. Bei der Tiefe von etwa 30 cm könnte zur Rückwand hin die Fläche um 15 bis 20 cm angehoben werden. Die Pflanzen haben dann auf der gleichmäßigen bis terrassenartigen Steigung wesentlich mehr Chancen, ausreichend Licht zu erhalten, wenn die Rückwand mit hochstämmigen oder Klimmpflanzen bestanden ist.

Flach sollte das Bodenniveau bei der Pflege bodenlebender Tiere gehalten werden, deren Lebensweise eine Bodenbepflanzung stark beeinträchtigen oder gar verhindern kann. Man sollte zwar Überlegungen anstellen, ob eine Pflege solcher Arten in einem Paludarium überhaupt sich anbietet, doch ist unser Wunsch zur Pflege einzelner Arten manchmal stärker als alle notwendigen Überlegungen. Große Amphibien wie Aga-Kröte *Bufo marinus*, versteckt lebende, wühlende Frösche wie Grabfrosch *Rana adspersa* und Schmuckhornfrosch *Ceratophrys ornata* oder wasserbewohnende Schildkröten sind nur bedingt geeignet, ein Paludarium zu bevölkern. Sie würden den Pflanzenwuchs zum Teil niederwalzen oder untergraben; das ungestörte Halbdunkel des Hintergrundes wird wie auch in der Natur ihr bevorzugter Aufenthaltsort sein. Ihren Bedürfnissen entspricht die flache, zum Teil sumpfige Fläche wesentlich besser als eine Terrassierung.

Zur Einrichtung von Sumpfzonen sollte nicht die gesamte Bodenfläche unter Wasser gesetzt werden – das hätte zu viele negative Auswirkungen. Unsere gewichtssparende Idee der Auffüllung des Bodens mit Styropor hätte dann wenig Sinn, da alle Spalten und Hohlräume sich mit Wasser füllen würden. Die Folge wäre Fäulnis in diesen unerreichbaren Ritzen, da der notwendige Sauerstoff zum Abbau der organischen Reste nicht hierhin gelangen könnte.

Zweckmäßigerweise sollte für den Sumpfteil eine Wanne eingesetzt oder fest eingeklebt werden, so daß die Feuchtigkeit auf das notwendige Maß eingeschränkt werden kann und wir kein „Land-Unter" zu befürchten brauchen. Flache, 15 bis 20 cm tiefe Wannen reichen aus. Wie groß man den Sumpfteil ausdehnen möchte oder vom Besatz her anlegen muß, hängt natürlich auch von der Größe des Paludariums ab. Im Normalfall sollte eine Sumpfzone zugunsten der anderen Pflanzen nicht überdimensioniert werden; eine Breite von 20 cm, angrenzend an den Wasserteil, reicht bei einem 1,50 breiten Paludarium an sich aus.

Besondere Probleme entstehen bei der Gestaltung eines Wasserlaufes, der sich durch das Paludarium hindurchschlängeln soll. Die durch die Pumpe zirkulierende Wassermenge darf nicht nach und nach im Boden verschwinden, da ansonsten die Pumpe trockenläuft und Schaden nimmt. Eine Abdichtung des aus Glas, Steinen oder PU-Schaum gestalteten Bachbettes sollte gründlich vorgenommen werden, bevor die fortschreitende Gestaltung das ausschließt. Moose, die aus dem Wasserlauf herauswachsen, ziehen das Wasser selbst über größere Entfernungen aus der Rinne heraus und sorgen dafür, daß der vorgeplante Bachlauf allmählich doch

Abb. 24/25: Das Fahnenblatt *Spathiphyllum wallisi* darf nicht zu trocken stehen . . .

. . . wie auch die afrikanische Calla *Zantedeschia aethiopica.*

▷ Abb. 26: Hoch aufragende empfindliche Arten wie Buntwurz *Caladium* bieten nur kleineren im Geäst lebenden Tierarten Bewegungsflächen.

sein Bett verläßt. Auch so kann es im Laufe der Zeit zu erheblichen Wasserverlusten kommen, und das ist nur sehr schwierig in den Griff zu bekommen, will man nicht immer wieder an den Pflanzen herumschneiden.

Um ein Paludarium so natürlich wie möglich und somit für jedermann „schön" einzurichten, muß alles zusammenpassen. Sowohl das Wasser, der Boden als auch der luftige Raum sollen sich harmonisch zu einer Einheit fügen: Die Rückwandgestaltung von Sterilterrarien ohne ästhetischen Wert läßt sich ohne weiteres mit den unterschiedlichsten Materialien durchführen. Zur Haltung von Anolis reichen Rückwände z. B. aus Styropor oder Preßkork aus; tropische Frösche können auch mit glatten Glasflächen auskommen; Phelsumen lieben glatte Flächen und Wandbeläge wie Glas, Kunststoff, Bambus oder Bastmatten. Schlangen kümmern sich in der Regel überhaupt nicht um die Wandgestaltung; dagegen sind manche trockenheitsliebenden Geckos aufgrund ihrer Versteckplätze davon abhängig.

Ein Paludarium jedoch soll ein besonders ansprechendes und schönes Element unserer Wohnung sein, deshalb darf die Rückwand auch nicht durch ihre Form, Farbe und Beschaffenheit das Gesamtbild stören. Natürliche Materialien bieten sich also an, um den Eindruck eines natürlichen Ausschnittes zu erwecken. Der wohl verbreitetste Rückwandtyp dürfte die Gestaltung mit Kork sein. Kork kann in drei unterschiedlichen Arten eingesetzt werden:

Der natürlichste und schönste, damit aber auch mit Abstand teuerste ist die in Röhren erhältliche Korkrinde. Die abgeschälte Borke der Korkeiche hat gegenüber anderen Werkstoffen annähernd ideale Eigenschaften. Sie schimmelt nur sehr schwer, fault sehr langsam, läßt sich in allen Variationen bearbeiten, ist elastisch, wasserfest, wärmedämmend usw. Indem wir die Korkröhren auf einer Holzplatte mit Spanplattenschrauben befestigen und die unterschiedlich geformten Stücke anpassen, erhalten wir eine reliefreiche Rück- oder Seitenwand. Nach dem Verspachteln kleinerer Risse und Löcher kann die komplette Wand in das Paludarium gestellt und an den Seiten mit Keilen abgesichert werden.

Es ist jedoch peinlich genau darauf zu achten, daß der Kork keine Ritzen und Spalten mehr aufweist, in die unsere Tiere auf Nimmer-Wiedersehen verschwinden. Besonders beim Zusammensetzen mehrerer Stücke zu einer größeren Platte ergibt sich dieses Problem. Größere Löcher und Hohlräume können wir auch mit PU-Schaum ausfüllen.

Es sind auch komplette flache Korkplatten im Dekohandel erhältlich, die aber sehr teuer und zum Teil auch nur geleimt sind, so daß bei längerem Aufenthalt in feuchtwarmer Umgebung der Korkkleber sich zersetzen und der Kork sich von seiner Unterlage lösen kann.

Zum zweiten können wir die schon erwähnten dunkelbraunen Preßkorkplatten verwenden – wenn auch mit deutlichen Abstrichen gegenüber der echten Korkrinde. Die eintönige Fläche und Färbung wirkt wesentlich unschöner als die optisch angenehmere Rindenstruktur. Zudem schluckt die dunkle Fläche viel Licht – was besonders bei höheren Paludarien ungünstig für die Beleuchtungsverhältnisse ist. Für die Pflanzen ist der Preßkork trotzdem ein hervorragender Untergrund zum Anklammern der Luftwurzeln, aber auch zum Aufstecken oder -binden von Epiphyten. Wenn der Preßkork einmal feucht ist, bleiben die Wurzeln der Pflanzen genügend lange bewässert.

Die kleinen Hohlräume werden jedoch von feinen Wurzelhärchen durchzogen, deren Säureausscheidungen das umgebende Material zu einem krümeligen Korkmulm zersetzen, der vom ablaufenden Gießwasser abgespült wird. Bei anhaltendem feuchtwarmen Klima können schon nach 1½ Jahren große Löcher in den Wänden entstehen, und nur einzelne, fest angeklebte Stücke überdauern diesen natürlichen Zersetzungsvorgang. Weniger als 2 cm starke Preßkorkplatten sollte man deshalb nicht verwenden, weil deren Lebenszeit zu gering ist und wir vorzeitig grundlegende Eingriffe in das Paludarium vornehmen müßten.

Die nur 2 bis 3 mm starken hellbraunen geleimten Korkplatten sind zu Dekorationszwecken oder Wandverkleidungen seit einigen Jahren auf dem Markt. Die Wände trockener Terrarien lassen sich damit gut bekleben, etwa mit Hilfe von Silikon-Kautschuk. Sie hellen ein Terrarium auf und lassen trotzdem die Tiere in einer halbwegs natürlichen Umgebung erscheinen. Im Paludarium sind sie nach meinen eigenen Erfahrungen ungeeignet: Sie quellen stark auf und lösen sich zum Teil von ihrer Unterlage. Zum anderen ist die sehr helle Farbe störend für den Gesamteindruck: Zwischen den Blättern werden lange Zeit die hellen Stellen der Rückwand durchscheinen.

Zudem sind Epiphyten kaum sicher zu befestigen, und größere Pflanzen haben für ihre Luftwurzeln keinen guten Halt auf den recht glatten Flächen.

Holz und Rindenstücke sollte man nicht verwenden, auch wenn es hübsch aussieht und billig ist. Unbehandelte Holzplatten oder -stücke vertragen die feuchtwarme Luft nicht, faulen sehr schnell und müssen dann entfernt werden. Behandlungen mit fäulnishemmenden Substanzen sind nicht anzuraten, da die Tiere diese giftigen Stoffe aufnehmen können. Kiefernrinde sieht ebenfalls sehr ansprechend aus, hält sich aber auch nur kurze Zeit im Paludarienklima.

Anzuraten ist dagegen Moorkienholz, welches bei der Abtorfung als oft unbrauchbares Material zurückbleibt. Weil es Hunderte oder Tausende von Jahren im sauren Moorwasser gelegen hat, fault und schimmelt es nicht mehr, da Bakterien keine geeigneten Lebensbedingungen im übersäuerten Material finden. Mit den oft bizarren Wurzelstöcken und Ästen lassen sich viele Gestaltungsprobleme lösen.

Vielfach hat man auch Styroporplatten bearbeitet und dickeren Blöcken eine Struktur gegeben. Nach einem halbwegs natürlichen Anstrich mit wasserfester Abtönfarbe können diese nicht mehr als Kunststoff wiedererkannt werden. Keinesfalls sollte man lösungsmittelhaltige Lacke verwenden, da Styropor von einigen Mitteln aufgelöst wird und dies zu unbeabsichtigten Veränderungen führen kann.

Höhlungen und Vorsprünge können aus Blöcken ausgeschnitten werden, dürfen allerdings nur wenig belastet werden, da die Tragfähigkeit von Styropor gering ist. Deshalb sind die Möglichkeiten der Bearbeitung eingeschränkt, und man muß vorsichtiger zu Werke gehen als bei Korkverwendung.

Der schon mehrfach erwähnte PU-Schaum scheint eine langgesuchte, leider aber wenig umweltfreundliche Alternative zur Korkrinde zu sein. Dank seiner Eigenschaft können wir ihn zur Rückwandgestaltung gut einsetzen. Einmal ausgehärtet, haftet er an allen Flächen und ist einfach zu bearbeiten. Wir können ihn direkt an Seiten- und Rückwand schäumen; Leitungen und Schläuche werden mit eingebettet und verschwinden aus unserem Sichtfeld.

Abb. 27: Die Flamingoblume *Anthurium scherzerianum* kann bei genügend Licht am Boden wie auch als Epiphyt verwendet werden.

Abb. 28: Einflüsse, Beziehungen und Abhängigkeiten in einem Paludarium (unvollständig).

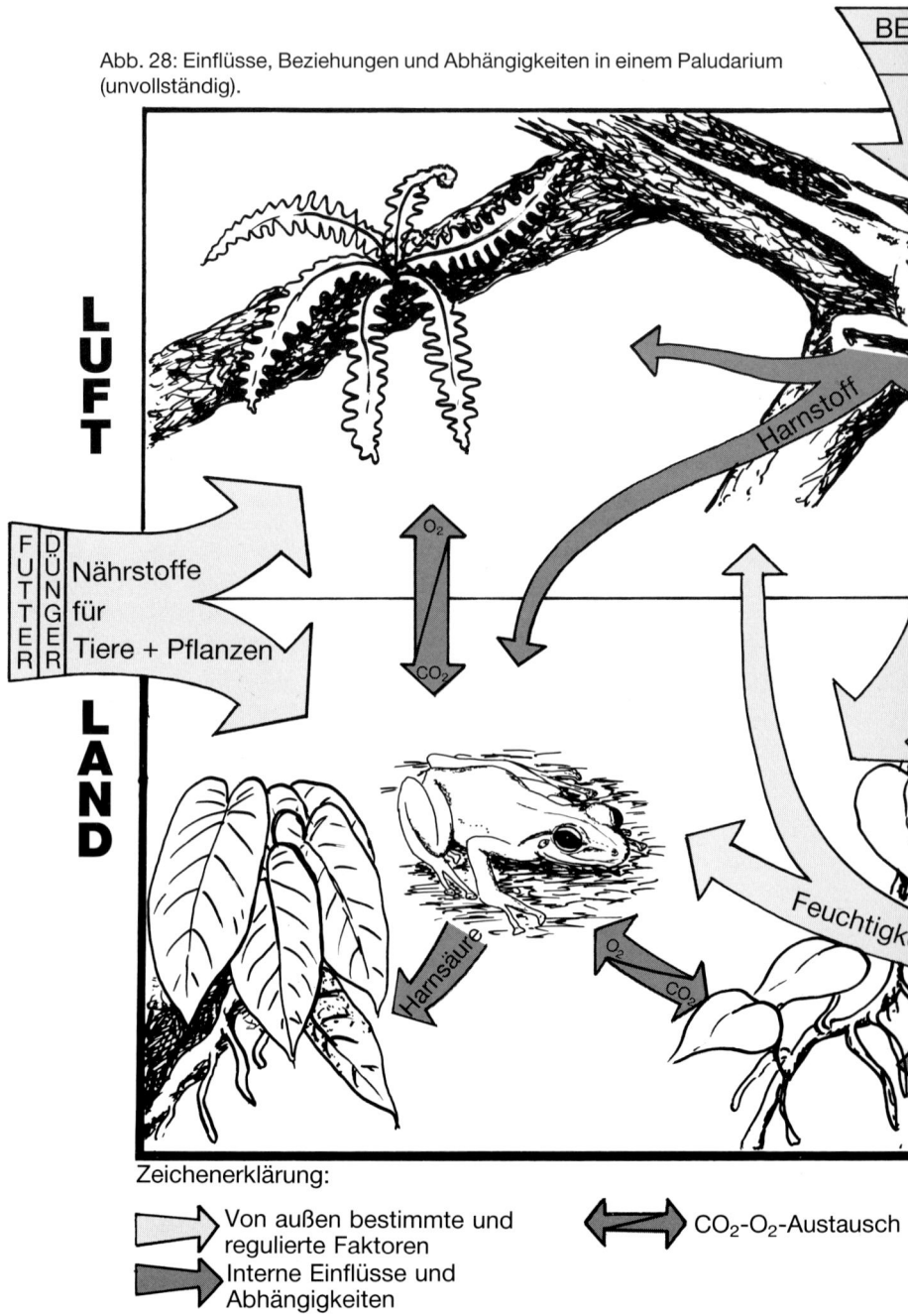

Zeichenerklärung:
- ⇨ Von außen bestimmte und regulierte Faktoren
- ⇨ Interne Einflüsse und Abhängigkeiten
- ⇔ CO_2-O_2-Austausch

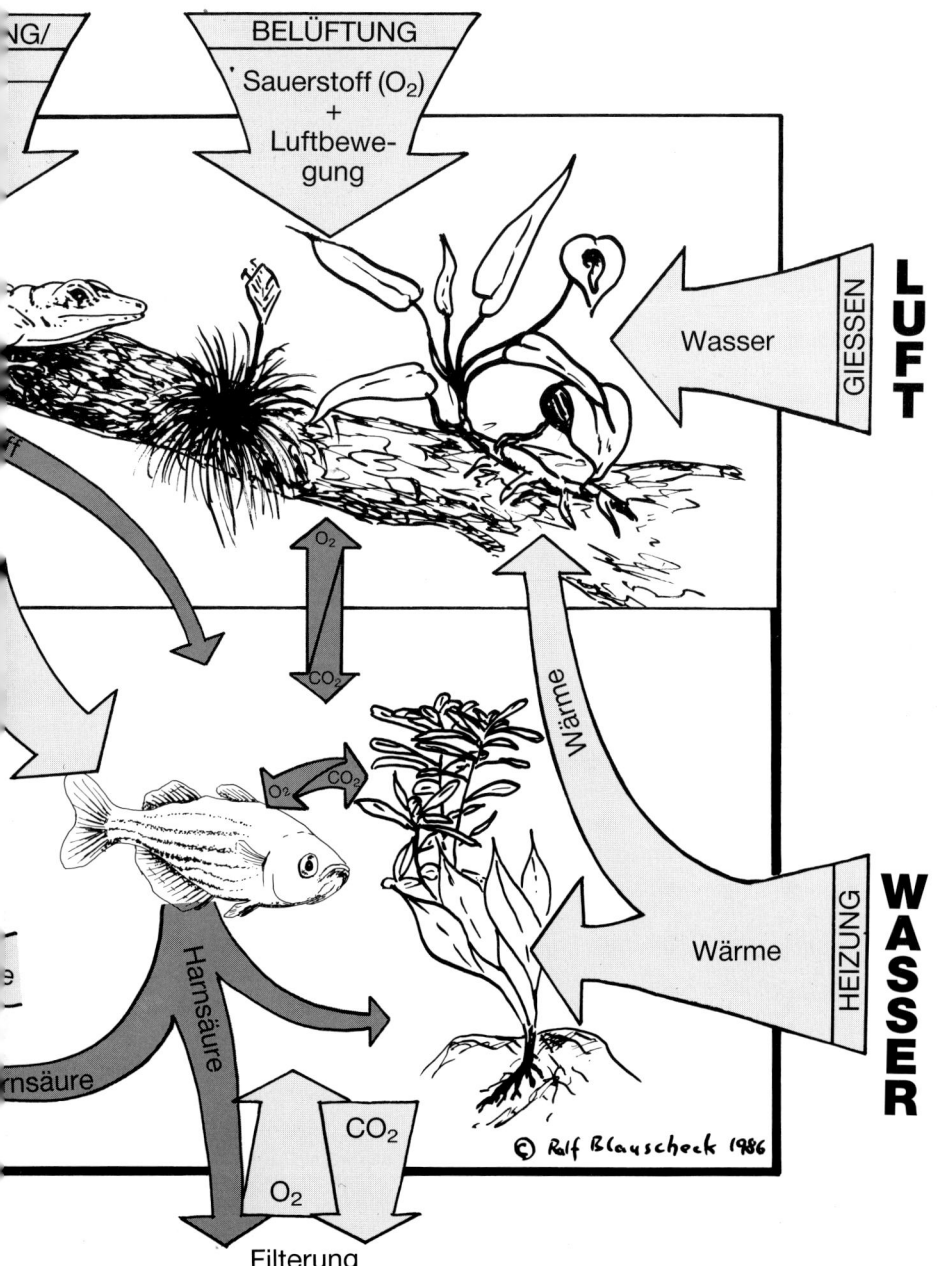

Wir können Vorsprünge und Höhlungen einplanen, auf oder in die Korkstücke, Äste, Steine oder auch Blumentöpfe mit einbetten, so daß die späteren Standorte der Pflanzen vorab festgelegt sind. Auch an normalerweise schwierigen Standorten können die Blumentöpfe eingesetzt werden – es muß sie nur eine ausreichende Schaumschicht zum Halt umgeben. Viele der Anbringungsprobleme können wir mit dem PU-Schaum lösen – allerdings sollten wir die umweltfeindliche Wirkung zu keiner Zeit vergessen.

7. Bepflanzung des Paludariums

Für viele Tierpfleger ist die Bepflanzung der Terrarien, weitaus weniger dagegen der Aquarien, nebensächlich. Allein der Umstand, daß ein Großteil der Terrarientiere unsere Bepflanzungsbemühungen aufgrund ihrer Größe oder ihres Verhaltens vereitelt, veranlaßt viele Terrarianer dazu, nur die absolut notwendige Bepflanzung vorzunehmen.

Der Paludarianer nimmt in aller Regel eine Gegenposition dazu ein: Seine Bestrebungen gelten dem Zusammenspiel von Pflanzen und Tieren sowohl im Wasser als auch auf dem Land. Dementsprechend hoch ist die Anforderung an sein Einfühlungsvermögen; ein Paludarium setzt nicht nur ein hohes Maß an Vorwissen und Grundlagen voraus, sondern auch das, was man bei Pflanzenliebhabern als „grünen Finger" bezeichnet.

Jede Pflanzenart hat ihre spezifischen Ansprüche und wird einem für sie ungeeigneten Standort mit zurückgebliebenem Wachstum beantworten – wenn nicht sogar absterben.

Pflanzen können nicht einen ihnen zusagenden Platz aufsuchen und werden zwangsweise auch ganz anders auf ungünstige Bedingungen reagieren müssen als die mobilen Tiere. Manchen Pflanzenarten sieht man den Lebensraum recht einfach an, etwa den feingliedrigen Wasserpflanzen oder den atmosphärisch lebenden Tillandsien. Viele Blattpflanzen jedoch ähneln sich äußerlich derart, daß sich kaum erkennen läßt, ob sie einen trockeneren oder feuch-

Abb. 29: Blütenpracht im Paludarium: *Columnea* bietet lange Zeit mit ihren herabhängenden blütenübersäten Trieben einen Blickfang.

teren, helleren oder eher beschatteten Standort benötigen. Das Grundwissen über die Pflanzen des Paludariums – viele sind von der Pflege im Blumenfenster seit langem bekannt – muß einfach jedem Paludarianer geläufig sein. Ebenso wie ein Seewasseraquarianer ohne eingehende Beschäftigung mit der Thematik wohl kaum Erfolg haben wird, ist auch bei der Unterhaltung eines Paludariums die Kenntnis der in Frage kommenden Teilbereiche eine überaus notwendige Voraussetzung, die vor der Inbetriebnahme beherrscht werden muß.

Die im nachfolgenden aufgeführten Pflanzenarten sind nur ein kleiner Ausschnitt aus der möglichen bunten Vielfalt. Ein wichtiges Kriterium bei der Auswahl stellt neben der Haltbarkeit auch die Beschaffbarkeit dar; nur wenige Arten werden häufiger in Gärtnereien angeboten – es sei denn, Spezialbetriebe können Abhilfe schaffen, etwa Kakteen-, Bromelien- oder Anthuriengärtnereien.

Wer immer die Möglichkeit hat, Botanische Gärten zu besuchen und mit den Gärtnern der Tropenhäuser zu sprechen, sollte dies nutzen. Wichtige Ratschläge und Tips, oft auch Ableger von geeigneten Pflanzen können wir bei ihnen „ernten". Zudem sind in vielen Botanischen Gärten sehr schöne Schauanlagen eingerichtet, an denen auch der Paludarianer sich bei der natürlichen Gestaltung seines Landteiles manche wertvolle Anregung holen kann. Die Zusammenstellung der Botanischen Gärten und Tropenhäuser im Anhang soll Interessierten einen Überblick verschaffen.

7.1 Pflanzen des Wasserteils

Da es von vielen Faktoren des jeweiligen Paludariums abhängt, ob Pflanzen an bestimmten Plätzen wachsen können und zudem bei dichtem Bewuchs laufende Veränderungen in der Beschattung anderer Pflanzen und der Feuchtigkeit der Umgebung stattfinden, sind grundsätzliche Aussagen schwierig. Äußerlich nicht oder kaum auffällige Faktoren wie Stickluft, länger anhaltende Feuchtigkeit oder ungeeignete Temperatur kann in einem Paludarium Pflanzen umbringen, im anderen jedoch optimal wachsen lassen, auch wenn scheinbar dieselben Bedingungen herrschen. Welche Einwirkungen auf die Umgebung eine große Blattpflanze wie *Dieffenbachia* haben kann, ist besonders bei Landpflanzen recht schwer einzuschätzen. Die Aquarianer haben es da etwas einfacher, da kaum mehr als eine Zunahme der Beschattung zu erwarten ist, z. B. durch eine große Tigerlotus *Nymphaea* oder dichte Bestände der Wasserhyazinthe *Eichhornia*.

Die erste Gruppe der hier behandelten Pflanzen umfaßt die Wasserpflanzen, deren Vielfalt den meisten Aquarianern bekannt sein wird. Die im Paludarium zu pflegenden Arten sind meist in den tropischen Gewässern beheimatet, ihre Ansprüche an Beleuchtung, Wassertemperatur, pH-Wert sowie Wasserhärte unterscheiden sich zum Teil erheblich. Einen hervorragenden Überblick über die Welt der Wasserpflanzen bietet PAFFRATH in seinem Buch „Bestimmung und Pflege von Aquarienpflanzen", erschienen im selben Verlag wie dieses Buch.

Im Paludarium wird man wie auch in sehr großen Aquarien Probleme mit der ausreichenden Beleuchtung bekommen; das Licht ist mit der wichtigste Faktor für das Gedeihen der Wasserpflanzen. Messungen verdeutlichen die Helligkeitsabnahme mit zunehmender Tiefe: Bei 10 cm wird schon 10 % des Lichtes „geschluckt", bei 30 cm schon 35 % und bei 40 cm sogar 50 %. Dies trifft für mittlere Wassertrübung zu, starke Schwebstoffanteile oder farbintensive Stoffe wie Torf erhöhen den Lichtverlust beträchtlich. Rechnet man weitere 10 bis 20 % Lichtverlust dank ungünstiger Lichtkastenauskleidung hinzu (siehe Tab. 4), wird die nutzbare Lichtmenge bei 30 cm Wassertiefe bestenfalls bei 50 % der Ausgangshelligkeit liegen.

PAFFRATH gibt für schwache Lichtverhältnisse im Aquarium einen Lichtwert von 1 : 4 entsprechend 25 Watt je 100 l Wassermenge an; nur Arten mit geringem Lichtbedürfnis können dabei gedeihen. Lediglich Wasserkelche *Cryptocoryne*, Sumpfschrauben *Vallisneria*, Sumpffreund *Limnophila*, Teichlebermoos *Riccia* und Javamoos *Vesicularia* können längere Zeit in aufgelockerten Beständen unter diesen Lichtbedingungen kultiviert werden. Mit 35 Watt pro 100 l Wasser (Lichtwert 1 : 3) ist schon ein wesentlicher Teil der für Paludarien interessanten Arten zufrieden zu stellen (siehe Tab. 6).

Viel mehr können wir mit dem alleinigen Einsatz von Leuchtstoffröhren nur in sehr niedrigen Paludarien erreichen. Normalerweise ist der Abstand von der Beleuchtung zum Gewässergrund jedoch zu groß, so daß beispielsweise Quecksilberdampflampen mit Reflektor eingesetzt werden müssen. Erst dann können auf dem Gewässerboden halbwegs vernünftige Lichtverhältnisse erzielt werden. Für ein „sonnendurchflutetes Gewässer" benötigen wir etwa 70 Watt pro 100 l Wasser.

Die von PAFFRATH genannten Werte beziehen sich aber nicht auf Paludarien, denn hier beschatten meist Landpflanzen und Epiphyten den Wasserteil und reflektieren viel Licht nach außen. Sofern Leuchtstoffröhren benutzt werden, sollten wir mindestens ein Drittel der Wattzahl mehr einsetzen, um die angestrebten Werte zu erhalten. Bei einem Wasserteil von 40 cm Tiefe, 80 cm Länge und 50 cm Breite, entsprechend einem Inhalt von 160 l, sollten wir bei einem „normalen Aquarium" mindestens 60 Watt Beleuchtung haben, im Falle des Paludarienwasserteils etwa 90 Watt.

Ein Rechenbeispiel soll die natürlichen und künstlichen Lichtbedingungen veranschaulichen: Die Helligkeit im Hochsommer bei vollem Sonnenlicht liegt in Mitteleuropa bei etwa 100 000 Lux, in tropischen Regionen bedeutend höher. Davon gelangen etwa 1 % auf den Waldboden, entsprechend 1 000 Lux. Nehmen wir einen Tümpel oder Bach mit mittlerer Trübung und Färbung, ergibt sich selbst für seinen Gewässerboden bei 30 cm Tiefe noch ein Anteil von 40 bis 50 % des bis zum Bach gelangten Lichtes. Noch immer messen wir 400 bis 500 Lux, was wir mit unserer maximalen Beleuchtung eben erreichen können (siehe auch Tab. 2). Eine Leuchtstoffröhre von 30 Watt hat eine Lichtleistung von 120 Lux, 3 Röhren bringen 360 Lux. Um diese Helligkeit auf dem Aquarienboden zu erhalten, müssen wir mindestens eine zusätzliche Röhre einsetzen, wollen wir annähernd die Lichtverhältnisse des Waldgewässers erreichen.

Der zweite Faktor ist die Temperatur unseres Wasserteils: Nur wenige der in Frage kommenden Arten verlangen mehr als 20 bis 25 °C; die kühler zu haltenden Arten sollten nicht verwendet werden. Die Temperaturansprüche der Wasserpflanzen sind recht variabel, Schwankungen von 5 °C um ihre Vorzugstemperatur schaden ihnen nicht. Pflanzen der gemäßigten Regionen sollten nur bei insgesamt kühleren Paludarienbedingungen eingesetzt werden, beispielsweise wenn Molche oder Salamander der gemäßigten Breiten gepflegt werden sollen, die höheren Temperaturen gegenüber empfindlich reagieren. Auf diese Arten wird hier allerdings

---

Abb. 30: Epiphytengesellschaften, hier mit Geweihfarn *Platycerium* und Keulenbinsenkaktus *Hatiora,* stellen die Vorzüge eines Paludariums deutlich heraus.

Tabelle 6: Wasserpflanzen

Art bzw. Gattung	Heimat	Lichtanspruch in LW*	Temperatur in °C	Lebensweise	Wuchsform	Pflanzort	Höhe in cm	Besonderes
Javamoos *Vesicularia dubyana*	Java, Philippinen, Malaiische Halbinsel	3,5–3,0	10–30	untergetaucht, amphibisch	kriechend	auf Steinen, Holz, Wasser-Land-Übergang	sehr gering	bei amphibischer Pflanzung hohe Luftfeuchtigkeit nötig
Hornkraut *Ceratophyllum submersum*	mit *C. demersum* gemeinsam weltweit	3,0	18–30	untergetaucht	aufsteigend	Mitte bis Hintergrund		sehr feingliedrige Pflanze, wuchsstark!
Wasserkelche, Gattung *Cryptocoryne* 60 Gattungen	Südostasien (Thailand, Sri Lanka, Philippinen	2,0–3,0	25–28	untergetaucht, amphibisch	liegend – aufsteigend	Vordergrund, Sumpfzone	5–30, große Arten bis 100	pH-Wert um 6. Färbung vom Licht abhängig, weiches Wasser
Wasserfreund, Gattung *Hygrophila*	Indien, Malaiische Halbinsel	2,0–3,0	20–30	untergetaucht, Luftblätter möglich	aufsteigend, mit Überwassertrieben	Hintergrund	bis 60	*H. corymbosa* kann als Sumpfpflanze verwendet werden
Lagenandra, Gattung *Lagenandra*	Sri Lanka, Indien	2,5–3,0	22–26	untergetaucht, auch als Sumpfpflanze möglich	aufsteigend, bildet Lufttriebe	Hintergrund	60–80	großwüchsig, auch als Sumpfpflanze verwendbar
Javafarn, Schwarzwurzelfarn *Microsorium pteropus*	Tropisches Südostasien	2,5	20–26	untergetaucht, bei hoher Feuchtigkeit auch amphibisch	aufsteigend aus kriechendem Wurzelstock	Vordergrund, Wasserlauf	20–25	bildet kriechende Wurzelstöcke

*LW = Lichtwert (z. B. LW 4 entspricht 1 Watt Beleuchtung pro 4 Liter Wasser)

Langblättrige Barclaya *Barclaya longifolia*	Burma, Südthailand, Andamanen	2,5	24–26 konstant	untergetaucht	aufsteigend	Vordergrund, Mitte	weiches Wasser, pH um 6
Ludwigia, Gattung *Ludwigia*	Südl. Nordamerika, Mittelamerika, z. T. Westasien, Nordaustralien	2,5	18–28	untergetaucht	aufsteigend	Hintergrund	50	Blattverfärbung bei guter Beleuchtung (*L. natans*)
Hornfarn, Sumatrafarn, Gattung *Ceratopteris*	Trop. Afrika, Amerika, Asien, Nordaustralien	2,0–2,5	20–28	untergetaucht (*C. thalictroides*), Schwimmblätter (*C. pteridioides*)	aufsteigend bis schwimmend	frei schwimmend, Vorder- und Hintergrund	40	z. T. feingliedrig, Schwimmblätter viel Licht, Tochterpflanzen an Blatträndern
Sumpffreund, Gattung *Limnophila*	Sri Lanka, Indien, Japan, Südchina	2,0–2,5	22–28	untergetaucht, z. T. mit flutenden Trieben	aufsteigend	Hintergrund	50	flutende Triebe beschatten sehr stark
Pfeilkräuter, Gattung *Sagittaria*	USA, Mittelamerika	2,0–2,5	22–26	untergetaucht, z. T. flutende Triebe	aufsteigend	Hinter- und Mittelgrund	bis 40	dringt bis in die gemäßigten Zonen der USA vor
Sumpfschraube, Gattung *Vallisneria*	Tropen und Subtropen von Nordamerika, Karibik, Südostasien	2,0–2,5	18–30	untergetaucht	aufsteigend	Hintergrund	20–40 und größer	lichthungrig!
Amazonas-Schwertpflanze, Gattung *Echinodorus*, 47 Arten	Nord- und Südamerika	2,0–2,5	22–28	untergetaucht, z. T. amphibisch	aufsteigend	Mittel- und Hintergrund	5–50	sehr variabel, niedrige Arten meist anspruchsvoll

Art bzw. Gattung	Heimat	Lichtanspruch in LW*	Temperatur in °C	Lebensweise	Wuchsform	Pflanzort	Höhe in cm	Besonderes
Zwerg-Speerblatt *Anubias nana*	Westafrika	2,0	24–26	untergetaucht	aufsteigend	Vordergrund	15	tieferer Bodengrund nötig (Wurzelausläufer)
Wasserähre, Gattung *Aponogeton*, artenreich	Südostasien, Sri Lanka, Madagaskar	2,0–3,0	22–28	untergetaucht	aufsteigend	Mitte bis Hintergrund	30–60	2- bis 4monatige Ruhepause bei 15 °C, Gewässer trocknen aus
Muschelblume, Wassersalat *Pistia stratiotes*	Tropen, weltweit	2,0	22–25	schwimmend	flach	Wasseroberfläche	flach	lichthungrig, benötigt großen Luftraum!
Wasserhyazinthe *Eichhornia crassipes*	ursprünglich Südamerika, heute Tropen und Subtropen weltweit			schwimmend	liegend	Wasseroberfläche, tiefreichende Wurzeln	flach bis 15 cm	15–20 cm Wasserstand, sonst wurzelt sie im Boden
Büschelfarn *Salvinia auriculata*	tropisches Mittel- und Südamerika	2,0	20–24	untergetaucht und schwimmend	flach	Wasseroberfläche	flach	2 Blattformen, ruhige Wasseroberfläche nötig!
Karolina-Moosfarn *Azolla caroliniana*	Nord- bis Südamerika, Karibik	2,0	20–22	schwimmend	flach	Wasseroberfläche	flach	feuchte und mäßig warme Luft notwendig. Rötliche Blätter

*LW = Lichtwert (z. B. LW 4 entspricht 1 Watt Beleuchtung pro 4 Liter Wasser) nicht eingegangen, da sie nicht in die feuchttropischen Lebensgemeinschaften gehören.

In der vorangegangenen Zusammenstellung wird die Lichtbedürftigkeit der Wasserpflanzen als Ordnungsmaßstab benutzt. Am Anfang sind die wenig lichthungrigen (und deshalb meist besser geeigneten) Arten aufgeführt, später die Pflanzen, die wesentlich mehr Licht brauchen. Innerhalb einer Pflanzengattung können die Ansprüche allerdings stark variieren (z. B. Wasserkelche *Cryptocoryne*), so daß ein gewisser Unsicherheitsfaktor bestehen bleibt. Zu den kurzen Informationen, die ich in die Tabelle eingearbeitet habe, gehören Angaben zur Herkunft, Temperatur, Wuchsform und Größe sowie beachtenswerte Besonderheiten, beispielsweise eine notwendige Ruhezeit.

Unter den Wasserpflanzen gibt es einige vielseitig verwendbare Arten, ein Paradebeispiel ist der Javafarn *Vesicularia dubyana* aus Südostasien. Diese kriechende bis büschelige Kleinpflanze eignet sich für fast alle Wasser-, Licht- und Nährstoffbedingungen: Man kann sie ebenso zur Bepflanzung von Holzstücken und Steinen heranziehen wie zur Verkleidung vom Wasser-Land-Übergang oder zur Bemoosung von Rinnen und Stufen eines Wasserlaufes auf dem Landteil.

In seiner Heimat findet man den Javafarn auch außerhalb des Wassers, etwa in der Spritzwasserzone der Wasserfälle oder im feuchten Randbereich der Bäche, wo er häufig überspült wird. Der Grund des Wasserlaufes im Paludarium ist bei genügend hoher Feuchtigkeit ein guter Standort.

Nahezu ebenso vielseitig sind die Wasserkelche *Cryptocoryne*, deren etwa 60 Arten umfassende Gattung auch aus Südostasien stammt. Der geringe Lichtanspruch läßt sie auch noch an Stellen gedeihen, wo viele andere Arten längst absterben müßten. Die einzelnen Arten sind allerdings sehr unterschiedlich zu behandeln, so daß erst eine genaue Artbestimmung Aufschluß über die Eignung geben kann. Anzeichen für die Lichtbedürftigkeit ist die Blattfärbung: kräftige grüne Arten benötigen weniger Licht als hellgrüne oder gar die sehr dekorativen braunen und rotblättrigen Arten. Anspruchsvoller sind sie im Hinblick auf die Wasserhärte; ihre Heimatgewässer sind meist sauer (bis zu pH 5), da sie einen hohen Gehalt an organischen Säuren (z. B. Huminsäuren) und Kohlensäure aufweisen. Wasserkelche eignen sich dank ihres meist niedrigen Wuchses für den Aquarienvordergrund wie auch für die Gestaltung der amphibischen Übergangszone.

Ausgesprochene Wasserpflanzen wie Hornkraut *Ceratophyllum*, Sumpffreund *Limnophila*, Schwertpflanze *Echinodorus*, Zwerg-Speerblatt *Anubias nana*, Sumpfschraube *Vallisneria* und Wasserähre *Aponogeton* können je nach Beleuchtungsverhältnissen verwendet werden; die Tabelle 6 kann einige Hilfen zur Auswahl geben.

Für Aquarien sind in der Regel Schwimmpflanzen oder Wasserpflanzen mit flutenden Blättern wenig geeignet, da sie einen größeren Luftraum und oft auch feuchte Luft zum Gedeihen benötigen. Nennenswert sind der Wassersalat *Pistia stratiotes*, Hornfarn *Ceratopteris*, Büschelfarn *Salvinia auriculata* oder Karolina-Moosfarn *Azolla caroliniana*. Schwimmpflanzen finden im Paludarium sehr gute Wuchsbedingungen, was allerdings oft auf Kosten der unterwasserlebenden Arten gehen kann: Die Oberfläche kann bei starkem Wachstum der Schwimmpflanzen, beispielsweise Hornfarn, in kurzer Zeit zugewuchert werden – man sollte rechtzeitig an eine Auslichtung der Bestände denken, um nicht die anderen Arten wegen zu starker Beschattung zu gefährden. Die Wasserhyazinthe *Eichhornia crassipes* wird wegen ihrer Wuchsfreudigkeit auch als „schönstes Unkraut der Welt" bezeichnet, denn diese wohl berühmt-berüchtigste Schwimmpflanze der Welt entwickelt bei günstigen Bedingungen ein geradezu explosionsartiges Wachstum und kann in wenigen Wochen Wasserstraßen und sogar ganze Seen zuwuchern. Die ursprünglich in Südamerika beheimatete Pflanze besiedelt mittlerweile weltweit die Gewässer der Tropen und Subtropen.

7.2 Pflanzen des Landteils

Das für unsere Zwecke geeignete Angebot an Wasser- und Schwimmpflanzen ist recht gut zu überblicken, die Gruppe der Sumpf-, Boden-, Kletter- und Hängepflanzen sowie Epiphyten ist dagegen derart umfangreich, daß es unmöglich ist, hier die zahlreichen Gattungen einzeln vorzustellen und deren Bedürfnisse zu umreißen. Auch sie werden hier in tabellarischer Form, zusammen mit einigen Grundinformationen, aufgeführt.

Zusätzlich werde ich die Pflanzengesellschaften beschreiben, wie sie im tropischen Südostasien, Südamerika oder Afrika anzutreffen sind, denn daraus lassen sich die Ansprüche der einzelnen Pflanzen in den Grundzügen ableiten.

Drei Pflanzengruppen werden aufgrund ihrer besonderen Eignung für das Paludarium ausführlicher behandelt: Zum einen sind es die Ananasgewächse (Bromelien), denen wir unser besonderes Interesse widmen sollten, da sie für das „ökologische System Paludarium" wichtiger sind als viele andere Pflanzenfamilien. Zweitens und drittens sind es Farne und Kakteen, die für die Paludarienhaltung leider viel weniger beachtet werden als viele andere tropische Pflanzen.

7.2.1 Die tropischen Vegetationszonen

Die tropischen Zonen der Erde stellen sich für den Naturinteressierten in vielerlei Hinsicht als die Krönung der Schöpfung dar. Die Wuchskraft der tropischen Regionen, besonders in den großen, noch zusammenhängenden Urwäldern Südamerikas oder Südostasiens ist sprichwörtlich. Nahezu jeder Quadratzentimeter Baum oder Stein, sogar Autowracks und Telegrafenleitungen werden von der üppigen Pflanzenwelt besiedelt. Die Fülle an Formen und Farben ist scheinbar unbegrenzt – auch heute noch werden jedes Jahr viele verschiedene Arten bisher unbekannter Pflanzen und Tiere entdeckt; leider werden etliche uns noch unbekannte ausgerottet.

Die Bedingungen, wie wir sie in den Tropen, z. T. auch Subtropen vorfinden, im Paludarium nachzuempfinden ist unser Ziel. Deshalb ist es für uns überaus wichtig, ausreichende Informationen über die Heimat dieser hochinteressanten, aber mindestens ebenso komplizierten Lebewesen und ihre Lebensräume zu besitzen. Die Klima- und Vegetationsbeschreibungen sollen einen Eindruck von den Bedingungen vermitteln, wie wir sie mit Hilfe der Technik nachzuahmen versuchen, um unseren Pflanzen und Tieren eine annähernd naturgetreue Umgebung zu schaffen.

Kennzeichen für die tropischen Regenwälder ist insbesondere die hohe Luftfeuchtigkeit, die durch die täglichen tropischen Regenschauer erreicht wird. Während der von Oktober bis April dauernden Regenzeit ist die tägliche Niederschlagsmenge noch größer als während der übrigen Monate. Da die tropischen Regenklimate eine

◁ Abb. 31: In kleineren Paludarien können wir neben einer großen bestimmenden Bromelie (hier *Neoregelia carolinae*) mit kleinen Farnen und Begonien eine harmonische Einheit erreichen.

Abb. 32/33: Für nicht zu schattige Bodenpartien eignen sich kleine *Cryptanthus*-Arten . . .
. . . während im Geäst licht- und trockenheitsliebende Bromelien wie *Vriesea saundersii* sehr dekorativ wirken.

nahezu erdumfassende Ausbreitung haben, schwankt je nach Höhenlage und Breitengrad die Regenmenge zum Teil sehr stark.

Die zweite sehr günstige Bedingung für den Wuchs ist die durchweg recht hohe Temperatur; in Regenwäldern liegt die durchschnittliche Jahrestemperatur zwischen 24 und 26 °C, die ein ununterbrochenes Pflanzenwachstum ermöglicht. Auch die nahezu konstant 12stündige Tageslänge bewirkt in allen äquatornahen tropischen Zonen ein stärkeres Pflanzenwachstum als in den gemäßigten Breiten.

Anhand von Beispielen möchte ich die klimatischen Bedingungen veranschaulichen: Während in Bodennähe kaum Abweichungen der Temperatur auftreten – Messungen haben pro Tag Schwankungen von 1,1 bis 2,9 °C ergeben – steigen mit zunehmender Entfernung vom Erdboden auch die Temperaturschwankungen an: in 15 Meter sind es bereits 7, in 25 Meter sogar bis zu 11 °C. Bei einem Tagesmittel von 26 °C haben wir in Bodennähe fast konstant 25 bis 27, in größeren Höhen weniger gleichbleibende Werte zwischen 20,5 und 31,5 °C. Parallelen sind bei der von der Temperatur abhängigen relativen Luftfeuchte abzulesen: In Bodennähe liegen die Werte um 90 %, in 5 Meter Höhe schwanken sie zwischen 80 und 95 %; in 15 Meter Höhe sogar zwischen 70 und annähernd 100 % relativer Luftfeuchte. Dabei treten die höchsten Werte, die bis auf den Sättigungspunkt von 100 % ansteigen können, allgemein gegen Morgen und Abend auf. Am deutlichsten fällt das Absinken der Luftfeuchte in der Mittagszeit auf. Bewirkt wird diese Abnahme durch den Faktor Temperatur: Steigt diese nach Sonnenaufgang bis Mittagszeit an, nimmt die relative Luftfeuchte ab, da bei höheren Temperaturen mehr Wasserdampf von der Luft aufgenommen werden kann als bei niederen Temperaturen. Sinkt die Temperatur dann zum Nachmittag ab, steigt die relative Luftfeuchte allmählich wieder an, ohne daß ein Tropfen Regen gefallen ist. Zum Abend hin kommt es dann zur Kondensation von Wasserdampf auf den Blättern (Taubildung), da durch die Gesetzmäßigkeit der umgekehrten Proportionalität von Temperatur und relativer Luftfeuchtigkeit die Luft nicht mehr die gesamte Wasserdampfmenge halten kann.

Den gleichen Effekt können wir auch im Paludarium beobachten und messen – leider wirkt sich dies oft ungünstig auf die Pflanzen aus.

Die Bodenpflanzen lieben hohe Feuchtigkeit und werden in ihrer Heimat kaum vom Absinken der Feuchtigkeit betroffen; sie sind zu dicht durch ihre Umgebung gegen äußere Einflüsse abgeschirmt. Im Paludarium dagegen verhindern kaum andere Blattpflanzen ein Abtrocknen, die sich erwärmende Luft nimmt folglich allmählich die Feuchtigkeit auf, setzt sie gegen Abend und in der Nacht während der Abkühlungsphase wieder frei, wobei es dann schnell zu einem unkontrollierten Vernässen auch der trockenliebenderen Pflanzen der oberen Region, z. B. Orchideen und Tillandsien, kommen kann.

Die kleinklimatischen Unterschiede, die bei den Pflanzen in ihrem ursprünglichen Lebensraum eine große Rolle spielen, sind im Paludarium nur schwer herzustellen und zu berücksichtigen. In der Natur finden wir zwischen der Bodenregion und den Wipfeln der 50 bis 60 Meter hohen Baumriesen ein völlig anderes Kleinklima, wodurch auch die in den unterschiedlichen Höhenstufen vorkommenden Pflanzen, letzten Endes aber auch Tiere völlig andere Ansprüche an Temperatur und Feuchtigkeit stellen können. Während Tillandsien auch die oberen Schichten besiedeln, verwandte Arten aber auch in der Strauchschicht vorkommen, sind unter den Bodenpflanzen z. B. die Pfeilwurzgewächse (Maranten) nur im feuchtwarmen Halbdunkel der untersten Schicht zu finden.

7.3 Die feuchttropischen und -subtropischen Großräume

A. Nord-, Mittel- und Südamerika und Karibik

B. Indien, Südostasien, Neuguinea und Australien

C. Zentralafrika und Madagaskar

A. Nord-, Mittel- und Südamerika und Karibik

Den südamerikanischen Kontinent verbindet wohl jeder Mitteleuropäer mit dem undurchdringlichen Dschungel des Amazonas, der heute noch das größte zusammenhängende Urwaldgebiet der Erde ist (siehe Abb. 34). Noch niemandem ist es gelungen, seine Vielfalt auch nur annähernd zu überschauen.

Am ehesten noch werden die natürlichen Schneisen der Flußläufe Licht in das Halbdunkel des Urwaldes bringen und uns einen

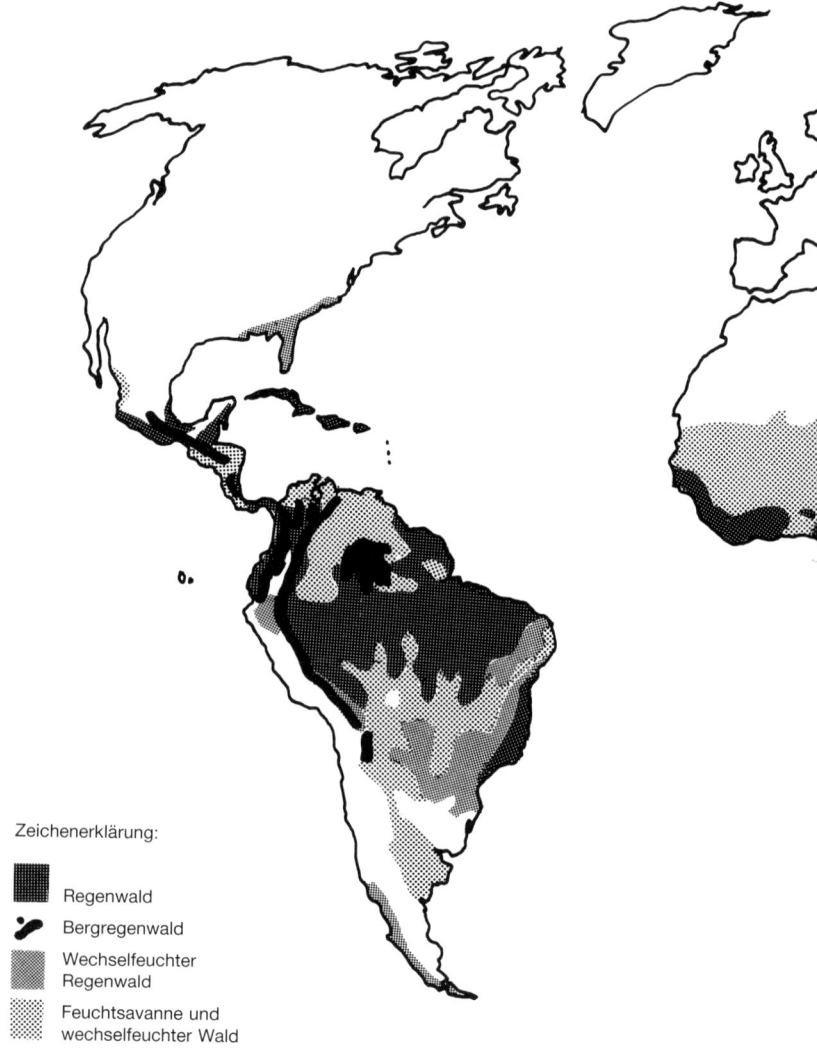

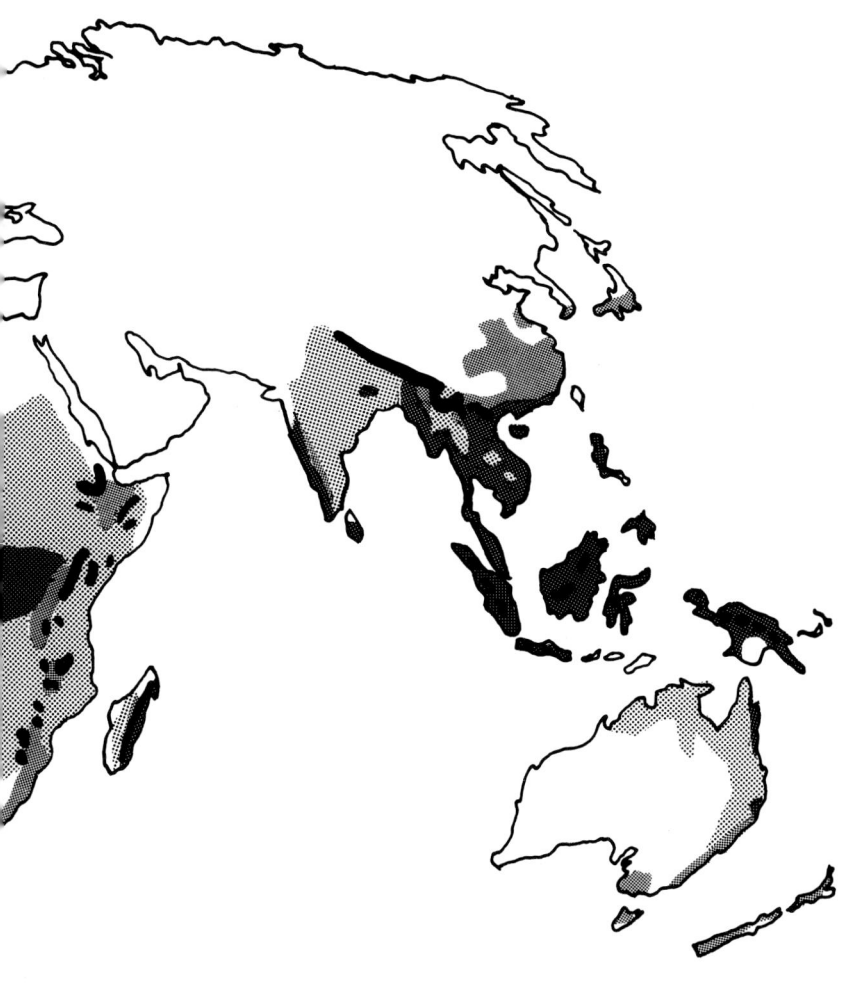

Abb. 34: Weltweite Verbreitung der feuchttropischen und -subtropischen Großlebensräume (nach: DEBENHAM, F.: The Reader's Digest Great World Atlas).

Tabelle 7:

Landpflanzen der tropischen und subtropischen Feuchtklimate

A. Südamerika, südliches Nordamerika, Mittelamerika und Karibik

Legende:
- ▮ sehr gute Eignung
- ▬ gute Eignung
- △ weniger geeignet
- ○ sonnig
- ◐ halbschattig
- ● schattig
- naß-feucht / mäßig feucht / trockener
- WW 22–25 °C, W 18–20 °C, M 16–18 °C, K 12–15 °C
- LL hohe Luftfeuchte notwendig, L hohe Luftfeuchte angenehm, R! Ruhezeit notwendig

Art bzw. Gattung	Sumpfpflanze	Bodenpflanze	Kletterpflanze	Hängepflanze	Epiphyt	Standorthelligkeit	Feuchtebedarf	Wärmebedarf	Luftfeuchte
Allamande / *Allamanda*		▬	▬			◐-○	~~~ R!–	W	
Flamingoblume / *Anthurium*		▬		▬		◐-●	~~~	W	L
Schiefblatt / *Begonia*		▬		△		◐-○	~~~	K	
Bertolonie / *Bertolonia*						●	~~~	WW	L
Buntwurz / *Caladium*		▬				◐-○	~~~ R!–	WW R!M	LL R!
Korbmarante / *Calathea, Stromanthe*		▬				●-◐	~~~	W	LL
Bergpalme / *Chamaedorea*		▬				○-◐	≈·~	M-W	L
Bergpalme / *Chamaeranthemum*		▬				●	~~~	W	LL
Klimme / *Cissus*		▬	△	▬		◐-○	~~~	W	L
Kolumnee / *Columnea*				▬		◐-○	~~~ R!–	M R!K	L R!
Keulenlilie / *Cordyline*		▬				○-◐	~~~	W	L
Kammarante / *Ctenanthe*		▬				◐	~~~	W	LL
Dieffenbachie / *Dieffenbachia*		▬				◐	~~~	W	L
Schattenröhre / *Episcia*		▬		△		◐	~~~	W	L
Schattenröhre / *Fittonia*		▬				●-◐	~~~	W	LL
Pfeilwurz / *Maranta*		▬				●-◐	~~~	W	L
Fensterblatt / *Monstera*		▬	▬			◐-●	~~~	W	L
Zwergpfeffer / *Peperomia*		▬		△	△	◐	~~~	W	
Baumfreund / *Philodendron*		▬	△	△		◐	~~~	W	L
Kanonierblume / *Pilea*		▬				●-◐	~~~	W	L
Kanonierblume / *Rhoeo*		▬				○	~~~	W	

Tabelle 7:

Landpflanzen der tropischen und subtropischen Feuchtklimate

A. Südamerika, südliches Nordamerika, Mittelamerika und Karibik

Legende:
- ▌ sehr gute Eignung
- ▲ gute Eignung
- △ weniger geeignet
- ○ sonnig
- ◐ halbschattig
- ● schattig
- ∼ naß-feucht
- ≈ mäßig feucht
- ≋ trockener
- WW 22–25 °C
- W 18–20 °C
- M 16–18 °C
- K 12–15 °C
- LL hohe Luftfeuchte notwendig
- L hohe Luftfeuchte angenehm
- R! Ruhezeit notwendig

Art bzw. Gattung	Sumpfpflanze	Bodenpflanze	Kletterpflanze	Hängepflanze	Epiphyt	Standorthelligkeit	Feuchtebedarf	Wärmebedarf	Luftfeuchte
Kanonierblume *Ruellia*		▬				◐	∼∼∼	W	L
Kanonierblume *Siderasis*		▬				◐-●	∼∼∼	W	L
Fahnenblatt *Spathiphyllum*	◀					◐-●	≈≈≈	W	
Fahnenblatt *Syngonium*		▬	◀			◐	∼∼∼	W	L
Dreimasterblume *Tradescantia*		◀▬		◀		○-◐	∼∼∼	K-M	
Goldnarbe *Xanthosoma*	◀					◐	≈≈≈	W	LL
Zebratradescantie *Zebrina*				◀		○-◐	∼∼∼	M	

Einblick in den tropischen Regenwald ermöglichen. Da viele Pflanzen an einem Fluß- oder Seeufer ausreichend Licht mitbekommen, wachsen sie hier viel dichter und üppiger als im Waldesinneren. Dort nämlich herrscht ein dämmriges Halbdunkel, nur 1 % der Lichtmenge gelangt durchschnittlich bis zum Boden. Hinter der undurchdringlichen Fassade ist jedoch keineswegs immer ein verfilztes Dickicht zu finden. Auf dem Boden wachsen auch viele der recht „anspruchslosen" Zimmerpflanzen, z. B. Korbmarante *Calathea, Fittonia* oder Pfeilwurz *Maranta* finden wir hier recht häufig. Ihre recht geringe Größe macht sie für das Paludarium zu geeigneten Bodenpflanzen, Vorsicht sollte man dagegen bei großwüchsigeren Arten wie *Dieffenbachia,* Baumfreund *Philodendron* und besonders Fensterblatt *Monstera* walten lassen. Bei günstigen Bedingungen erreichen diese Arten Größen, wie sie bei der Pflege in trockener Zimmerluft nicht möglich sind. Zu große und wuchtige Arten benötigen jedoch zu viel Raum und unterdrücken die anderen Bodenpflanzen erheblich.

Bromelien (Ananasgewächse)

Die Artenvielfalt der mittel- und südamerikanischen Tropen übertrifft die der anderen Zonen, nur auf dem amerikanischen Kontinent kommen die Ananasgewächse (Bromelien) vor. Man könnte meinen, daß es nun wirklich nicht auf eine Pflanzenfamilie mehr oder weniger ankommt. Die Artenzahl von ungefähr 2 000 aber mag einen Hinweis auf die Vielfältigkeit der Familie geben, doch ist der ökologische Wert der Bromelien ungleich höher einzustufen, als es eine Zahl auszusagen vermag. Ganze Lebensgemeinschaften haben sich auf die Blatttrichter der Bromelien spezialisiert, sei es als Nahrungsquelle, Versteckplatz oder Minilaichtümpel.

Epiphyten werden auch als Aufsitzerpflanzen bezeichnet, sie wachsen meist auf Bäumen, ohne diese jedoch zu schädigen. Sie sammeln lediglich das Regenwasser mit ihrem Blatttrichter, gelangen durch die darin enthaltenen Substanzen an Nährstoffe und sind dementsprechend unabhängig von ihrer „Wirtspflanze". Auf diese Weise können die epiphytischen Ananasgewächse extrem nährstoffarme und humusfreie Plätze erschließen und auch kleinste Ästchen oder sogar Telefonleitungen besiedeln.

In fast allen feuchttropischen Terrarien und Paludarien wird man auf die Verwendung von Bromelien zurückgreifen, da sie aufgrund ihrer Wuchseigenschaften und ihres Aufbaus sich zu den verschiedensten Aufgaben eignen.

Die Verbreitung der Bromelien ist auf den Süden des nord- und fast den ganzen südamerikanischen Kontinent beschränkt, dies ist auch der Grund für ihr spätes Bekanntwerden in Europa (erst um 1690). Damals war nur die Frucht der Ananaspflanze bekannt, bis heute haben sich Bromelien auf die vorderen Plätze der beliebtesten Zimmerpflanzen vorgeschoben. Trotzdem ist die Artenfülle in den meisten Gärtnereien heute auf wenige Arten beschränkt, was die Beschaffung seltener (und oft geeigneter) Arten erschwert. Die Klimatisierung des Paludariums erlaubt uns auch die Pflege wärme- und feuchtebedürftiger Arten, die im Zimmer schnell zum Sterben verurteilt wären.

Man unterscheidet grundsätzlich zwischen zwei Bromeliengruppen: den bodenbewohnenden (terrestrischen) Arten wie *Cryptan-*

Abb. 35: *Tillandsia usneoides* benötigt viel Licht und Luft, jedoch keine stehende Feuchtigkeit.

thus und den baum- und felsbewohnenden (epiphytischen) Arten wie *Aechmea, Billbergia, Catopsis, Guzmania, Nidularium, Neoregelia* und *Vriesea*. Sie sind nicht alle ausgesprochen epiphytisch wachsend wie die *Tillandsia*-Arten, unter denen sehr trockenheitsangepaßte Spezialisten zu finden sind. Beim Beachten dieser Unterteilung kann man schon gravierende Fehler vermeiden, z. B. den Einsatz von Tillandsien als Bodenpflanzen, dies womöglich noch an einer dunklen und feuchten Stelle. Demgegenüber sollen Cryptanthen nicht an die warmen und trockenen Standorte der Epiphytenäste gepflanzt werden.

Da die Standorte auf Bäumen in der Regel weniger günstige Wachstumsbedingungen bieten als die Bodenpartien des tropischen Regenwaldes, nämlich wenig Nährstoffe und Wasserreserven, dafür aber höhere Sonneneinstrahlung und größere Feuchtigkeits- und Temperaturschwankungen, hat sich die große Gruppe der Bromelien diese erschwerten Bedingungen auf eine besonders spezialisierte Weise erschlossen: Sie benutzen nicht, wie die meisten Pflanzenarten, die Wurzeln als Aufnahmesystem für Wasser- und Nährstoffe. Die Wurzeln der Bromelien haben vorrangig die Funktion der Verankerung des Keimlings auch an den ungünstigsten Plätzen, etwa der Oberfläche von Säulenkakteen, steilen Felswänden und Mauern oder gar Telegrafenleitungen. Damit haben sich die Pflanzen neue, bis dahin fast unbesiedelte Standorte erschlossen. Im Laufe der Evolution haben es die Bromelien dann irgendwann geschafft, das Regenwasser mit den darin gelösten Substanzen (Kohlendioxid, Mineralstoffe in Form von Staubpartikeln) über spezielle Saugschuppen im mehr oder weniger ausgeprägten Blatttrichter aufzunehmen. Die höchste Vollendung erreicht dieses System bei den extrem trockenheitsliebenden „grauen" *Tillandsia*-Arten, deren Blätter mit einem Filz aus Saugschuppen belegt sind, so daß sie auch noch kleinste Feuchtigkeitsmengen aus der Luft aufnehmen können. Für unser Paludarium sind die meist streng atmosphärischen Arten allerdings weitgehend tabu; wir können ihnen kaum die extremen Bedingungen bieten, ohne die Paludariengemeinschaft zu gefährden.

Die klimatisch weniger anspruchsvollen Arten sind um so wichtiger für die Lebensvorgänge einiger Tierarten, die in ihrem natürlichen Lebensraum regelrechte Symbiosen mit den Bromelien eingegangen sind. Ausgeprägt sieht man dies bei einigen Froschlurchen, besonders den Färberfröschen *Dendrobates*, die ihr Laichgeschäft in den Blatttrichtern größerer Bromelien verrichten können. Regelrechte Kinderstuben stellen manche Bromelien dar: Die Kaulquappen erhalten Schutz und Feuchtigkeit seitens der Pflanze, dafür scheiden diese Nährstoffe in Form von Kot aus, der bei der Abweidung kleinster Algen an den Blatttrichtern anfällt.

Die allgemein recht geringen Nährstoffansprüche der Bromelien können im Paludarium fast ohne Zugaben erfüllt werden, besonders wenn wir baumbewohnende Echsen oder Frösche pflegen. Durch ihren Kot oder eingetragenen Boden erhalten die Bromelien in der Regel sogar zu viele Nährstoffe: Sollte ein Frosch den Trichter einer Pflanze häufig als Toilette mißbrauchen, kann es sogar zum Absterben der Pflanze kommen, da der Blatttrichter unter Umständen ausfaulen kann. Durch kräftiges regelmäßiges Aussprühen mit der Druckspitze kann man eine ausreichende Säuberung erreichen. Man sollte überhaupt eine Düngung bei Epiphyten verhindern, da ihnen der natürliche Staubanteil der Luft ausreichend Nahrung zukommen läßt. Es würde zudem die Wuchszeit erheblich verlängern.

Man kann jungen Pflanzen mit dem Gießwasser eine 0,1%ige Nährstofflösung (1 g oder 1 ml auf 1 l Gießwasser) etwa jede Woche im Sommer, im Winter gar nicht oder maximal alle 3 Wochen zukommen lassen.

Aechmea (Lanzenrosette)

Die Mehrzahl der 180 Arten lebt epiphytisch, wenn sie auch manchmal den Boden besiedeln. Aechmeen bilden große hohe Blatttrichter aus und sind stattliche, für kleinere Terrarien oder Paludarien zu mächtige Pflanzen. Ihre derben, meist auch bestachelten Blätter können den Tieren sogar gefährlich werden. Die Pflanzen lieben keine zu hohe Luftfeuchtigkeit und Temperatur ebensowenig wie Stickluft. Bei unzureichender Belüftung faulen sie. Die zum Teil lebhaft bunte Färbung der Blätter verschwindet bei zu geringem Lichtangebot.

Cryptanthus

Das Vorkommen der ca. 20 Arten ist auf Brasilien beschränkt. Abweichend von den übrigen Bromelien sind *Cryptanthus*-Arten ausschließlich bodenbewohnend (terrestrisch) und sollten im Paludarium auch so verwendet werden. Ihr Lebensraum sind die Dornbuschwälder, in denen es häufig zu Wassermangel kommt. Fast alle Arten sind niederliegend, und bei ausreichend Licht bleiben auch ihre Kindel typisch flachwüchsig. Die kräftigen, fleischigen Blätter sind zum Teil gewellt und haben gezähnte Ränder. Ein Kennzeichen für die Herkunft aus Trockengebieten ist die meist starke Beschuppung der oft farbigen Blätter. Kleinere Arten, z. B. die häufig als *C. roseus* angebotene Art, können kleine Rasen ausbilden. Cryptanthen benötigen humose, lockere Erde und eignen sich nicht sonderlich für die Bepflanzung trockener und warmer Stellen der Epiphytenäste, ebenso wie man zu feuchte Standorte meiden sollte.

Guzmania

Diese typischen Regenwaldbewohner kommen sowohl epiphytisch als auch terrestrisch vor. Die Form variiert je nach Art und Standort zwischen niedrigwüchsigen und leicht aufsteigenden Pflanzen. Die meisten der annähernd 100 Arten sind aufgrund ihrer Größe für unsere Zwecke interessant, leider sind sie nicht ganz einfach zu pflegen, an feuchten und kühlen Standorten sterben sie schnell ab. Die Temperatur sollte um etwa 25 °C und die Luftfeuchte mindestens 80 % betragen. Besonders empfindlich reagieren sie auf Zugluft. Bei günstigen Bedingungen wachsen und kindeln sie rasch. Guzmanien sind meist hellgrün und ungezeichnet. Die Pflanzen von ca. 30 cm Durchmesser besitzen blattartige Blütenstände. *G. musaica* stellt eine Ausnahme dar, ihre Blattrosette steigt mehr auf, zudem sind ihre Blätter netzartig gezeichnet und bilden eine große Zisterne.

Neoregelia

Die nur 40 Arten dieser Gattung wachsen fast ausnahmslos epiphytisch, was sich an ihrer Wuchsform und speziellen vegetativen Vermehrungsweise besonders deutlich ablesen läßt. Eine häufig gehandelte Art ist *Neoregelia carolinae*, die im Alter einen ansprechend roten Rosettentrichter ausbildet. Sie ist auch im Zimmer bei mindestens 14 °C und 60 % relativer Luftfeuchte gut zu halten und wird deshalb auch im Gegensatz zum Hauptteil der Gattung kultiviert. *N. carolinae* besitzt etwa 30 cm lange gezähnte Blätter und ist flachwüchsig. Nur bei ausreichenden Lichtverhältnissen gedeiht sie gut und behält die kräftige Rotfärbung ihres großen ausladenden Blattachseltrichters.

Abb. 36: Bei der Pflanzung von Epiphytengruppen erhalten wir rasch eine dichte Pflanzenkulisse.

Abb. 37: Bromelienüberzogene Bäume, wie hier im Regenwald der Karibikinsel Puerto Rico, stellen für unsere Gestaltungsprobleme eine Fülle nachahmenswerter Vorbilder.

Die für das Paludarium besonders interessanten Arten werden wesentlich seltener angeboten, obwohl es häufig sehr hübsche, kleinwüchsige Arten sind. Ihre meist lebhafte Blattzeichnung und -färbung ist ebenso eine Bereicherung wie die Bildung der Kindel, die an langen holzigen Ausläufern um die Mutterpflanze erscheinen und an Ästen schnell festwurzeln. Besonders hübsch ist die schnellwüchsige *Neoregelia schulthesiana,* die sich ausgewachsen bei reichlichem Lichtangebot intensiv rot färbt. Ebenso interessant ist *N. ampullacea,* die nur wenige Blätter besitzt und einer kleinen bauchigen Flasche (Name!) ähnelt. Solche Arten sind für jedes Paludarium eine ausgesprochene Bereicherung.

Nidularium (Nestrosette)

Diese Bromeliengattung umfaßt nur ca. 30 Arten, die überwiegend in den Regenwäldern Brasiliens epiphytisch vorkommen. Darunter sind sehr kulturfähige Arten wie *N. fulgens* zu finden. Im allgemeinen besitzen auch Nidularien flache, weit ausgebreitete Blatttrichter, im Aussehen ähneln sie *Neoregelia carolinae.* Zur Blühreife färbt sich das Zentrum der Blattrosette ebenfalls leuchtend rot, der eigentliche Blütenstand bleibt allerdings in den Blättern verborgen. Die Nestrosette benötigt auch im Winter über 15 °C; im Sommer reichen 22 bis 25 °C Zimmertemperatur aus. Empfindlich reagieren auf der Fensterbank gepflegte Nidularien auf intensive Besonnung, eine Folge können im Sommer Blattverbrennungen sein, besonders, wenn sie angesprüht werden. Einzelne Arten kindeln problemlos und können einfach vermehrt werden. Die großen Arten mit 50 bis 70 cm Durchmesser benötigen ausreichend Platz, um ihre ganze Pracht entfalten zu können.

Tillandsia

Keine andere Bromeliengattung ist so schwierig unter einen Hut zu bringen wie die über 400 Arten zählenden Tillandsien. Sie sind in den unterschiedlichsten Klimaten heimisch; in den Halbwüsten Mexikos findet man sie ebenso wie in den tropischen Regenwäldern Mittelamerikas oder in den Nebelwäldern der Anden. Viele Arten sind an das extreme Klima ihrer Heimat hervorragend angepaßt, indem sie spezielle Vorrichtungen zur Wasseraufnahme selbst für die trockensten Gebiete ausgebildet haben. Mit Hilfe von Saugschuppen können diese Arten auch den letzten Rest an Feuchtigkeit noch aufnehmen und speichern. Solche trockenheitsangepaßten Arten sind an der graufilzigen Oberfläche der Blätter zu erkennen. Daneben verhindern diese Schuppen auch eine zu intensive Sonnenbestrahlung, die durchaus zu Verbrennungen auf ungeschützten Blättern führen könnte.

Neben den zum Teil sehr feingliedrigen atmosphärischen Tillandsien finden wir unter den trockenheitsliebenden (xerophytischen) Arten viele zwiebelartig verdickte. Sie sind allesamt auf wenig Feuchtigkeit angewiesen, oft sind ihre Blätter als Verdunstungsschutz zusammengerollt. Diesen Arten sollte im Paludarium ein ausgesprochen trockener und heller Platz gegeben werden, und man sollte sie so wenig wie möglich ansprühen.

Eine zweite Gruppe, die grünen Tillandsien, ähneln den Trichterbromelien. Sie benötigen viel Feuchtigkeit und haben aufgrund ihrer etwas feuchteren Herkunft keine derart angepaßte Überlebenstechnik ausbilden müssen wie die grauen Vertreter. Ihr Verbreitungsgebiet sind die Nebel- und Regenwälder, wo Feuchtigkeit in jeder Form mehr als reichlich vorhanden ist. Sie benötigen weniger Licht als ihre grauen Verwandten, entsprechend besitzen sie nicht den lichtreflektierenden grauen Schuppenpelz.

Sie sollten im Paludarium aber trotzdem an die helleren und trockneren Standorte gepflanzt werden, ansonsten steigt die Gefahr des Abfaulens – besonders, wenn sie über Nacht nicht abtrocknen können. Für sie ist eine ausreichende Belüftung und nach Abschalten des Lichtes eine Luftumwälzung erforderlich, um der Gefahr eines zu feuchten Klimas vorzubeugen.

Uns nicht gerade vegetationsverwöhnte Mitteleuropäer beeindruckt eine Pflanze ganz besonders: das Spanische Moos *Tillandsia usneoides*. Mächtige Vorhänge der graugrünen Tillandsie hängen von Bäumen und Felsen herab, selbst im südlichen Nordamerika kommt sie z. B. in den unzugänglichen Sumpfgebieten der Everglades vor. Scheinbar abgestorben sehen die grauen Triebe aus, wenn der Tau verdunstet ist, man glaubt nicht an eine lebensfähige Pflanze, zumal sie keine nennenswerten Wurzeln benötigt. Mehr als den meisten anderen Tillandsien scheinen ihr die kärglichsten Standorte gerade recht zu sein – unter der Bedingung, daß die Luftfeuchtigkeit hoch genug ist. Im Paludarium braucht sie viel Licht und Luft; Stickluft sowie stehende Feuchtigkeit bringen sie innerhalb weniger Tage um, ebenso wie reichliche Düngergaben. Selbst der Kot der Tiere vernichtet manchmal ganze Kolonien.

Vriesea

Diese Bromeliengattung ist nah mit den Tillandsien verwandt, grüne Tillandsien ähneln Vrieseen manchmal derart, daß nur der Fachmann sie unterscheiden kann. Diese Trichterbromelien sind in der Regel epiphytisch und besiedeln weite Teile Mittel- und Südamerikas; viele der 150 Arten weisen attraktive Blattzeichnungen auf. Am bekanntesten dürfte das quergebänderte Flammende Schwert *Vriesea splendens* sein. Andere, wie *V. fenestralis,* sind mit feinen netzartigen Zeichnungen geschmückt. Besonders dekorativ ist der weit über die Blattrosette reichende Blütenstand, der meist in kräftigen Gelb- oder Rottönen geradezu leuchtet. Neben den gerade genannten größeren Arten mit bis zu 60 cm langen Blättern gibt es eine ganze Reihe kleinwüchsiger Arten, die allerdings weitaus weniger dekorativ sind und deshalb auch nicht so häufig angeboten werden. Interessant sind z. B. *V. psittacina, V. guttata, V. rodigasiena* oder *V. saundersii,* die sich hervorragend auch für kleinere Terrarien eignen. Ihre etwa 25 cm durchmessende Blattrosette findet fast überall Platz, es sind besonders interessante Arten für Epiphytenäste, da man sie wegen ihrer Größe gut in Gruppen pflanzen kann. Die Vrieseen sollten auch feucht, aber nicht naß gehalten werden, da sie bei Staunässe abfaulen. Besonders junge Pflanzen sind weitaus anfälliger als blühfähige Exemplare.

Während Bromelien in fast jedem Paludarium anzutreffen sind und Orchideen für Blütenbegeisterte immer neue Herausforderungen stellen, finden epiphytische Kakteen und Farne einen wesentlich kleineren Freundeskreis unter den Pflanzenliebhabern. Dies ist um so unverständlicher, als die meisten Arten genau die gleichen Ansprüche an Licht, Temperatur, Feuchtigkeit und Boden stellen wie etwa viele bodenlebende Bromelien. Gemeinschaftspflanzungen oder kleine Farn- und Kakteenkolonien sind keineswegs problematisch, trotzdem werden sie viel zu wenig beachtet.

Einige sehr gute Bekannte von der Wohnzimmerfensterbank finden wir auch unter den ausgesprochen epiphytisch wachsenden Kakteenarten. Namen wie Weihnachts- und Osterkaktus sind wohl die geläufigsten Bezeichnungen für eine Fülle von Blattkakteen, deren Pflege im Regenwaldterrarium und Paludarium nicht versäumt wer-

---

Abb. 38: Besonders an den Bachläufen zeigt sich der Artenreichtum feuchttropischer Wälder, hier ein Beispiel aus Puerto Rico/St. Lucia, Karibik.

Tabelle 8: Epiphytische Kakteen

Wichtige Arten:	
Keulenbinsenkaktus	*Hatiora*
Binsenkaktus	*Rhipsalis*
Osterkaktus	*Rhipsalidopsis*
Gliederkaktus	*Zygocactus*
Weihnachtskaktus	*Schlumbergera*
Blattkaktus	*Epiphyllum*
Blattkaktus	*Wittia*

den sollte. Einige glänzen durch alljährliche Blütenpracht während einer bestimmen Jahreszeit (Namen!) und sind allein deshalb sehr ansprechend. Die hier genannten Arten können an halbschattigen, feuchten, aber nicht nassen Orten, z. B. Nischen an der Rückwand, Korkröhren oder Epiphytenästen kulitiviert werden. Lockeres, mit Laub, Torfmull und Aststückchen untermischtes Material eignet sich dazu besonders. Die Nährstoffansprüche der epiphytischen Arten sind nicht hoch, deshalb sollte auch keine ausgesprochen fette Erde (Gartenerde) benutzt werden. Bei ausreichendem Licht färben sich bei einigen Arten die Triebe rötlich.

Allesamt sind die epiphytischen Kakteenarten anspruchslos und überstehen auch höhere Belastungen durch Tiere ohne weiteres. Bestimmende Kolonien einzelner Arten oder Gemeinschaftspflanzungen mit Farnen, Bromelien, manchmal sogar Orchideen bieten sich an. Da bis auf die Blattkakteen *Epiphyllum* die anderen Arten kleinwüchsig sind, können sie an vielen Plätzen nützlich sein und brauchen nicht auf hintere Plätze verwiesen zu werden. Nur bei zu wenig Licht, Staunässe oder Stickluft kümmern oder faulen sie ebenso wie die meisten anderen feuchttropisch lebenden Epiphyten.

Kleinere Farnarten benötigen in der Regel einen schattigen bis halbschattigen Standort, keine Zugluft, hohe Luft- und ständige Bodenfeuchtigkeit, ein mäßiges Nährstoffangebot und ein lockeres und humoses Pflanzsubstrat. Die zerbrechlichen Arten bedürfen eines ausreichenden Schutzes vor Beschädigungen, um nicht z. B. als Schlafplatz von Fröschen und Echsen oder als Kotstelle mißbraucht zu werden. Unangenehme Folgen hat der Kontakt der

Farnwedel mit Scheiben, die in der Regel viel kühler sind als die Innentemperatur des Paludariums, so daß die Farne an den Kontaktstellen absterben, da ihre Wedel auskühlen, wie auch beim Besprühen mit kühlem Wasser.

Bei weitverbreiteten Arten wie dem Schildfarn *Polystichum* oder Rippenfarn *Blechnum* sollte beim Kauf erfragt werden, ob sich die jeweilige Pflanze für die Haltung in feuchtwarmer Umgebung eignet, da nicht selten Vertreter aus gemäßigten Zonen angeboten werden, die sich für unsere Zwecke nicht einsetzen lassen.

Tabelle 9: Farne

	Verbreitung	Boden	Epiphyt
Frauenhaarfarn *Adiantum*	SO-Asien, Mittelamerika	×	×
Streifenfarn *Asplenium*	SO-Asien, Mittelamerika	×	×
Rippenfarn *Blechnum*	weltweit	×	×
Schildfarn *Cyrtomium*	SO-Asien, Mittelamerika		×
Davallia	SO-Asien	×	
Wurmfarn *Dryopteris*	SO-Asien, Mittel- u. Südamerika		×
Nierenschuppenfarn *Nephrolepis*	SO-Asien, Mittel- u. Südamerika		×
Phlebodium			×
Baumfarn *Pteris*	Tropen und Subtropen	×	×
Geweihfarn *Platycerium*	SO-Asien, Mittel- u. Südamerika, Afrika	×	×
Tüpfelfarn *Polypodium*	Asien, Amerika	×	×
Schildfarn *Polystichum*	weltweit		×

Orchideen

Wer im Zimmer Orchideen pflegen will – gleichgültig ob auf der Fensterbank, in Terrarium, Blumenfenster, Paludarium oder Gewächshaus – muß einen grundsätzlichen Anspruch der Pflanzen befriedigen können: ihren sehr hohen Lichtbedarf. Bis auf wenige Ausnahmen sind Orchideen sehr lichthungrig; zu dunkel gehaltene Pflanzen sterben rasch ab. Wenn den anderen Pflanzen, z. T. auch Epiphyten, das Lichtangebot völlig ausreicht, benötigen Orchideen das Doppelte, wenn nicht sogar das Dreifache an Helligkeit. Die Mindestbeleuchtungsstärke liegt bei etwa 5 000 Lux, das entspricht in etwa 4 Leuchtstoffröhren à 30 Watt bei 1 Quadratmeter beleuchteter Fläche. Dann jedoch sind nur weniger anspruchsvolle Arten wie *Oncidium, Vanilla* und *Phalaenopsis* zufriedengestellt. Die meisten anderen Orchideen benötigen mindestens 10 000 bis 12 000 Lux.

Die Orchideen sind insgesamt wesentlich schwieriger zu halten als die meisten anderen tropischen Pflanzen, dies gilt zum Beispiel für die Ansprüche an Feuchtigkeit, Qualität des Gießwassers, Nährstoffangebot und Belüftung. Orchideen sind nichts für den Anfänger, ihre Haltung erfordert viel Fingerspitzengefühl, das in mit Tieren besetzten Paludarien oft gar nicht zum Zuge kommt. Die Blütenpracht ist zwar immer wieder Anlaß, seine Fähigkeiten unter Beweis zu stellen, doch ist der Versuch sehr häufig schon zu Beginn zum Scheitern verurteilt. Man sollte in jedem Fall Erfahrungen außerhalb einer so komplizierten Einheit wie dem Paludarium sammeln, um die Bedürfnisse anspruchsvollerer Arten kennenzulernen. Erst dann kann man gezielt den geeigneten Platz für die Pflanze auswählen und hat auch begründete Chancen, daß sie dort über einen längeren Zeitraum sich hält.

Da ausgezeichnete Fachliteratur zur Haltung und Pflege von Orchideen erhältlich ist, soll die Pflanzengruppe hier ausschließlich mit diesen warnenden Hinweisen abgehandelt werden, um nicht unnötige Kosten beim Kauf entstehen zu lassen, die sich nach wenigen Wochen als Verlust verbuchen lassen müssen; besonders aber auch, um die oftmals in ihrer Heimat bedrohten Arten zu schonen.

Bodenpflanzen

Unter den hochwüchsigen Bodenpflanzen sind die sehr feingliedrigen Arten der Gattung Buntwurz *Caladium* besonders interessant, deren Wärme- und Luftfeuchtigkeitsbedürfnis eine Zimmerhaltung nahezu ausschließt, denen wir im Paludarium jedoch ideale Bedingungen bieten können. Die großen, in unterschiedlichen Grüntönen schimmernden Blätter mit der roten Aderung machen gesunde Pflanzen zum Schmuck jedes Paludariums. Leider sind sie nur für etwa ein halbes Jahr haltbar, anschließend ab September sterben die Blätter ab, und nur eine ausdauernde Knolle bleibt übrig, die den Rest des Jahres trocken aufbewahrt werden muß. Gegen April können sie dann wieder ausgepflanzt werden, zunächst in einem Blumentopf, bei der Ausbildung der Blätter dann auch in das Paludarium.

Nur wenige Pflanzen überraschen mit großen Blüten, eine davon ist das Fahnenblatt *Spathiphyllum*. Seine weißen Scheinblüten mit dem kolbenförmigen eigentlichen Blütenstand sind in fast jeder Blumenhandlung zu sehen. Es wächst an den feuchten bis sumpfigen Stellen des Urwaldes, wo viele andere Arten schon nasse Füße bekommen und abfaulen würden.

Bedeutend sind in allen tropischen Urwäldern die Kletterpflanzen, die den Kampf um das Licht auf ihre eigene Art gelöst haben. Bodenpflanzen müssen mit wenig Licht auskommen – ihre großen und dünnen Blätter können viel Licht aufnehmen und nutzen. Mit der Hilfe von Kletterwurzeln können jedoch eine ganze Reihe Arten diese gut angepaßten Bodenpflanzen „überlisten" und in hellere Etagen vordringen. Besonders imposant wirkt dabei das Fensterblatt *Monstera*. Auch mit wenig Licht kommt es aus, doch erst bei guten Verhältnissen kommt die volle Größe zur Geltung und kann seine riesigen, ¼ Quadratmeter großen Blätter ausbilden.

Wesentlich kleiner bleiben die verschiedenen Arten des sehr anpassungsfähigen Baumfreundes *Philodendron,* darunter besonders der bekannte *P. scandens*, dessen herzförmige dunkelgrüne Blätter sich gut zur Berankung von Stämmen und Wänden eignen. Die Luftwurzeln verankern sich bei hoher Luftfeuchtigkeit sehr schnell an den Wänden und geben der Pflanze guten Halt. Hübsch kontrastiert die unterseits rotblättrige Art *P. melanochrysum,* deren Blattoberseite samtig blaugrün schimmert.

Manche Kletterpflanzen, das gilt auch für *Philodendron,* besiedeln als Aufsitzerpflanzen die Astgabeln und morschen Äste, deren Holzmulm sie allmählich in Humus umwandeln. Die Flamingoblume *Anthurium* ist eine der bekanntesten und beliebtesten kletternden

Halbepiphyten. Neben der besonders blütenprächtigen *A. scherzerianum*, die im Handel fast ausschließlich angeboten wird, gibt es eine Anzahl weiterer Arten, z. B. *A. bakeri* oder *A. scandens*, die kleinwüchsiger als die „Standard-Flamingoblume" und damit geeigneter für Terrarien und Paludarien sind. *A. crystallinum* hat hellgrüne Blätter mit einer weißlichen Netzzeichnung, was sich von vielen einfarbig grünen Blattpflanzen angenehm abhebt. Die Halbepiphyten benötigen humose, lockere Erde, auch Moospolster können als Wuchsunterlage gute Dienste leisten. Feuchtigkeit ist notwendig, jedoch reagieren sie – wie fast alle Pflanzen – auf stehende Nässe empfindlich, ihre Wurzeln sterben bei zu hoher Feuchtigkeit ab.

Eine epiphytisch wachsende Familie sollte in keinem Paludarium fehlen, auch wenn sie recht unscheinbar und fast unbekannt ist: die Pfeffergewächse *Peperomia*. Sie sind meist recht anspruchslos, kommen mit wenig Licht aus und sind in ihrer Heimat auch an den schattigen Bodenpartien häufig. Meist haben sie kleine rundliche Blätter, die sich sehr gut zur dekorativen Bepflanzung auch von Epiphytenästen verwenden lassen. Ihr Artenreichtum sollte sich auch in unseren Paludarien zeigen.

B. Indien, Südostasien, Neuguinea und Australien

Die tropischen Regionen Mittel- und Südamerikas sind zusammenhängende, wenn auch keineswegs einheitliche Klima- und Vegetationszonen. Anders sieht es bei dieser Zone aus, die aus mehreren kleinen, zum Teil inselartigen Teilgebieten besteht. Neuguinea, Australien, Neuseeland sowie die kleinen Inseln sind als Australische Region zusammenzufassen; Indien, Sri Lanka, Hinterindien, Sumatra, Java, Borneo, Celebes und die Philippinen werden als Orientalregion geographisch auf einen Nenner gebracht. Die Pflanzen dieses Großraumes sollen hier jedoch der Einfachheit halber gemeinsam behandelt werden.

Tillandsien und weitere Bromelien fehlen hier. Sie lassen eine Nische im Lebensraum des Regenwaldes frei, die von anderen Pflanzen besetzt wird. Da es sich um Extremstandorte ohne Humus handelt, ist es für andere Pflanzen allerdings schwierig und nur teilweise gelungen, den Platz der Bromelien einzunehmen. Gerade in den Baumwipfeln der asiatischen Regenwälder wird das Fehlen der Ananasgewächse deutlich.

Tabelle 10:

Landpflanzen der tropischen und subtropischen Feuchtklimate B. Indien, Australien, Neuguinea, Asien					Standorthelligkeit ☀ ◐ ●	Feuchtebedarf ≈≈ naß-feucht / mäßig feucht / trockener	Wärmebedarf WW 22-25°C / W 18-20°C / M 16-18°C / K 12-15°C	Luftfeuchte LL hohe Luftfeuchte notwendig / L hohe Luftfeuchte angenehm / R! Ruhezeit notwendig
Art bzw. Gattung	Sumpfpflanze	Bodenpflanze	Kletterpflanze	Hängepflanze	Epiphyt	Standorthelligkeit	Feuchtebedarf	Wärmebedarf	Luftfeuchte
Schamblume *Aeschynanthus*			◀	▬		◐	~~~	WW	
Kolbenfaden *Aglaonema*	◁	▬				◐-●	~~~	WW	L
Pfeilblatt *Alocasia*		▬				◐	~~~ / R! −	WW / (R! W)	LL
Nestfarn *Asplenium nidus*				▬		◐-●	~~~	W	L
Klimme *Cissus*		▬	◁	▶		◐-○	~~~	W	L
Keulenlilie *Cordyline*		▬				○-◐	~~~	W	L
Feigenbaum *Ficus*		▬		▬		◐-●	~~~	W	(L)
Wachsblume *Hoya carnosa*			▬	◁		◐-○	~~~	W-WW / R! M	
Kannenpflanze *Nepenthes*				▬		◐	~~~	W	LL
Passionsblume *Passiflora*			▬	◁		◐-○	~~~	W / R! K	
Kanonierblume *Pilea*		▬				◐-●	~~~	W	L
Pfeffer *Piper*		▬		▬		◐-●	~~~	W	LL
Geweihfarn *Platycerium*				▬		○-◐	~~~	W	
Pothos			◁	▬		◐	~~~	WW	LL
Rhaphidophora, *Scindapsus*				▬		◐-●	~~~	W	L

Eine ebenfalls wassersammelnde Gruppe sind die Kannenpflanzen der Gattung *Nepenthes,* deren Wasservorräte aber genau das Gegenteil zu den „Sozialwohnungen" der Minitümpel bei den Bromelien darstellen. Mit ihren kannenartigen Behältern haben sie eine der „gemeinsten Fallen des Pflanzenreiches" erfunden. Die schlüpfrigen Innenwände der Kanne ermöglichen Insekten zwar das Eindringen, nicht aber das Verlassen des Behälters, der zudem auch noch mit „duftenden" Stoffen Insekten anlockt. Sind Tiere – auch kleinere Baumfrösche bleiben nicht verschont – einmal in die mit Pepsin (einem eiweißzersetzenden Enzym) versetzte Flüssigkeit gefallen, ist ein Entrinnen unmöglich. Diese Verdauungssäfte zersetzen die Tiere und führen der Pflanze in ihrer meist nährstoffarmen Umgebung (laubgefüllte Astgabeln) Stickstoffverbindungen und Mineralstoffe zu. Solch spezialisierte Pflanzen stellen meist auch hohe Ansprüche an ihre Umgebung – so sollte die platzbedürftige Kannenpflanze keinesfalls gedüngt werden und ein zu nährstoffreiches Pflanzensubstrat bekommen. Ein Laub-Torfmoos-Gemisch reicht ihr völlig aus, das sich nur langsam zersetzende Laub ist recht langlebig und gibt seine Nährstoffe dementsprechend spärlich frei; das Torfmoos hält die Feuchtigkeit gut, darf allerdings nicht vollständig abtrocknen, da sonst die Wasseraufnahmefähigkeit eingeschränkt wird.

Zu den Epiphyten, die für ein Paludarium nutzbar sind, gehören zweifelsohne eine Fülle von asiatischen Farnarten, die in den feuchttropischen Zonen eine unglaubliche Artenzahl erreichen. Als besonders häufig gehandelte Arten sind hier Nestfarn *Asplenium nidus* und Geweihfarne *Platycerium* zu nennen, die allerdings beide recht großwüchsig sind und Platz benötigen. Bei feuchtwarmer Luft und ausreichend Licht erreichen sie dekorative Ausmaße. Selbst sehr feingliedrige Arten gedeihen im Paludarium ausgezeichnet – vorausgesetzt, es hat nicht gerade ein Frosch hier seinen Schlafplatz eingerichtet. Auch bei den Farnarten kann ein Besuch in Botanischen Gärten nützlich sein, oft vermehren sich einige Arten so stark, daß die Gärtner uns zu Jungpflanzen oder Ablegern verhelfen können. Empfindlich reagieren viele Farnarten, besonders auch der Frauenhaarfarn *Adiantum*, auf Spritzwasser, von dem die Triebe absterben können, weil sie zu schnell auskühlen.

Anpassungsfähiger als die Epiphyten sind die Kletter- und Bodenpflanzen. Eine der wohl bekanntesten und am weitesten verbreiteten Familien sind die Feigen *Ficus*. Bei uns werden verschiedene Arten gehandelt, besonders geeignet ist der kleinblättrige *Ficus pumilus,* der schon bald sich aufgrund seiner Wuchsfreudigkeit zu einer wahren Seuche entwickeln kann: aus dichtbepflanzten Paludarien muß man nicht selten alle 2 Wochen im Sommer eimerweise Pflanzentriebe auslichten, bevor die anderen Paludarienbewohner überwuchert werden. Mit ihren kleinen Haftwurzeln kann die Pflanze die Wände und Äste erklimmen. Selbst der Fliegendraht der

Abdeckung kann sie nicht stoppen, und so wuchert sie munter in den Lampenkasten zum Licht hin. Die Pracht endet jedoch schnell, wenn der Wurzelballen austrocknet.

Ähnlich unverwüstlich ist der Kletter-Pothos *Pothos scandens*, der mit seinen bewurzelten Trieben ganze Wände und Äste berankt. Da er die Blätter eng an den Untergrund anschmiegt, können viele andere Pflanzen noch dazwischen wachsen, ohne daß die gegenseitige Beschattung zu hoch ist. Höhere Temperatur, in der Nacht über 15 °C, sind für sein Gedeihen jedoch Voraussetzung.

Die indonesische Klimme *Cissus discolor* ist eine weitere geeignete Kletterpflanze; dank der silbrig-gerandeten violettroten Blätter gehört sie zu den schönsten Arten. Sie ist bei ausreichend Licht schnellwüchsig, allerdings sollten die Temperaturen nicht zu niedrig sein, andernfalls verliert sie ihr Laub und muß dann etwas kühler überwintert werden.

Eine wuchsfreudige Kletterart ist auch die gelblichweiß gefleckte Efeutute *Rhapidophora aurea*, bekannt auch unter *Epipremnum aureum*. Bei günstigen Lichtverhältnissen sprießen die silbrigbereiften Blätter rasch; im Halbdunkel dauert es Monate, bevor es zu sichtbarem Wachstum kommt.

Die Wachsblume *Hoya carnosa* ist eine geläufige Zimmerpflanze, die durch ihre weißen Blüten beliebt ist. Nur wenige Pflanzen der Tropen haben derart derbe Blätter. Besonders beliebt als Zimmerpflanze ist auch die Passionsblume *Passiflora,* deren wunderschöne Blüten eine Zierde jeder Fensterbank sind. Sie ist jedoch sehr lichthungrig und mag keine zu hohe Feuchtigkeit.

Hübsche kleinwüchsige Pflanzen, die leicht mit den südamerikanischen *Peperomia*-Arten verwechselt werden, sind die zur Familie der Pfeffergewächse gehörenden *Piper*-Arten. Sie stellen keine großen Ansprüche an das Licht und wachsen auch noch in „Kümmerecken". Mit ihrer Hilfte können Äste und Wände begrünt werden; in Mischkultur mit *Ficus* und anderen Kletterarten sind interessante Variationen möglich. Selbst epiphytisch lassen sich viele *Piper*-Arten verwenden, eine kleine Pflanzgruppe mit humoser Erde reicht für ihre Bedürfnisse. Solange die Temperatur über 15 °C bleibt, sind an sich keine Probleme zu befürchten. Neben den häufig angebotenen satt grünblättrigen *Piper nigrum* gibt es auch buntblättrige Arten, z. B. *Piper ornatum,* der wie bei vielen anderen Arten die Farbgebung mit höherem Lichtbedarf erreicht.

Nur wenige Arten bringen auch ausgesprochene Blütenfülle in das Paludarium, eine davon ist die Schamblume *Aeschynanthus* und die nah mit ihr verwandte *Columnea,* deren Verbreitung sich fast über das gesamte tropische Asien erstrecken. Die roten Blüten sind eine Bereicherung für unser Paludarium, allerdings sind die Pflanzen recht wärmebedürftig (22 bis 26 °C). Epiphytisch gepflanzt können ihre herabhängenden Triebe mit der Blütenfülle lange Zeit ein Blickfang sein. Die Schamblume kann recht groß werden, man sollte für sie deshalb von vornherein ausreichend Platz einplanen.

Während einige Arten der Epiphyten sich auch als Bodenpflanzen anbieten – in der Natur sind die Pfeffer-Arten keineswegs nur epiphytisch und deshalb auch als Bodendecker für die Vordergrundbepflanzung geeignet –, sollten die höheren Arten mehr für den Hintergrund genutzt werden: Der Kolbenfaden *Aglaonema* bevorzugt recht feuchten Bodengrund und kann nach einer Eingewöhnungszeit auch als Sumpfpflanze verwendet werden. Pflanzen aus Hydrokultur eignen sich dazu manchmal besser als normal getopfte. Artenreichtum und Kulturformen dieser Gattung geben uns reichlich Auswahl auch für größere Paludarien. Die bis zu 60 cm messenden Pflanzen sollten schon genügend Platz haben, um nicht kümmern zu müssen.

Das Pfeilblatt *Alocasia* liebt keinen zu feuchten Boden, einige Arten werden in ihrem Ursprungsgebiet als Knollengemüse verwendet. Sie erreichen meist bis zu 1 Meter Höhe, ihre prächtigen Blätter erfordern viel Platz. Die 70 Arten können unterschiedlicher Herkunft sein, man muß dies bei der Haltung beachten. Die Arten der Philippinen können ganzjährig im feuchtwarmen Klima bei 25 °C gehalten werden, die indonesischen dagegen sollten während der Wintermonate weniger gegossen werden und bei etwa 20 °C außerhalb des Paludariums überwintert werden. Ansonsten benötigen sie während der Wuchsmonate reichlich Dünger und Temperaturen von 22 bis 25 °C. Alle Arten reagieren auf Zugluft und geringe Luftfeuchtigkeit sehr empfindlich; das Paludarienklima sollte entsprechende Bedingungen bieten. In einem frisch eingerichteten Paludarium sollten Alocasien wegen ihrer Anfälligkeit nicht verwendet werden.

Fast schon ideal für das feuchtwarme Vivarium ist das Mooskraut *Selaginella,* dessen Heimat vom tropischen Amerika, Asien bis hin nach Afrika reicht. Diese kleinen, nur 10 bis 30 cm hohen rasenbildenden Arten sind sehr anspruchslos in ihrem Lichtbedarf und gedeihen auch noch in Kümmerecken. Lediglich die hohe Feuchtigkeit muß gesichert sein, dann überziehen die Polster bald Steine und Äste in Bodennähe. In der trockenen und meist kühlen Zimmerluft läßt sich das Mooskraut kaum längere Zeit pflegen, besonders Zugluft ist absolut unbeliebt.

C. Zentralafrika und Madagaskar

Diese letzte Zone ist zugleich auch das kleinste der drei feuchttropischen Vegetationsgebiete. Besonders augenfällig wird hier – viel stärker als im südostasiatischen Raum – das Fehlen einer ausgeprägten Epiphytenflora mit hochspezialisierten Arten wie den Bromelien, aber auch den Kakteen. Diese ökologische Nische wird hier fast ausnahmslos von koloniebildenden niederen Pflanzen, z. B. Flechten, besetzt, die ähnlich wie *Tillandsia usneoides* ganze Äste und Stämme überdecken können. Auch die Farne sind hier mit epiphytisch wachsenden Arten vertreten, besonders der Nestfarn

Tabelle 11:

Landpflanzen der tropischen und subtropischen Feuchtklimate
C. Zentralafrika und Madagaskar

Art bzw. Gattung	Sumpf-pflanze	Boden-pflanze	Kletter-pflanze	Hänge-pflanze	Epi-phyt	Standort-helligkeit	Feuchte-bedarf	Wärme-bedarf	Luft-feuchte
Zierspargel *Asparagus*		▬▬▬	◁			◐	~~~ R!–	M R!K	L
Nestfarn *Asplenium nidus*					◐-●	~~~	W	L
Keulenlilie *Cordyline*		▬▬▬				○-◐	~~~	W	L
Zypergras *Cyperus*	▬▬▬					○	≈≈≈	K bis WW	
Schlangenlilie *Dracaena*		▬▬▬				○	~~~	W	L
Usambaraveilchen *Saintpaulia*		▬▬▬				◐	~~~	W	
Geweihfarn *Platycerium*				◁▬▬▬		○-◐	~~~	W	
Zimmerkalla *Zantedeschia*	▬▬▬					◐-○	≈≈≈	W-M	

Symbole: sehr gute Eignung ▬, gute Eignung ◁, weniger geeignet △; sonnig ○, halbschattig ◐, schattig ●; naß-feucht, mäßig feucht, trockener; WW 22–25 °C, W 18–20 °C, M 16–18 °C, K 12–15 °C; LL hohe Luftfeuchte notwendig, L hohe Luftfeuchte angenehm, R! Ruhezeit notwendig

Asplenium und Geweihfarne *Platycerium aethiopicum* und *P. angolense* sind zu nennen.

Interessant sind die bizarren Geweihfarne, die im Alter von mehreren Jahrzehnten riesige Ausmaße erreichen können. Besonders die *Platycerium*-Arten werden als Humussammler bezeichnet, da sie umgewandelte Blätter besitzen, mit denen sie verrottendes Laub auffangen und in ihrem Wurzelbereich dann allmählich zersetzen. Ihre speziellen Nischenblätter, die am Stamm des besiedelten Baumes eng anliegen, bilden einen Behälter, hinter dem sich im Laufe der Jahre Humus ansammeln kann. Zwischen diesen absterbenden und sich braun verfärbenden Blättern sprießen die eigentlichen Farnwedel, die dicht mit einem silbrigen Haarfilz bewachsen sind. Man sollte ihn niemals abputzen, da dann den Pflanzen verwehrt wird, über die Blätter Luftfeuchtigkeit aufzunehmen. Dem horizontal wachsenden Geweihfarn kann man mit einem an der Seite aufgeschlagenen Blumentopf, der mit Lauberde, Torfmull und Holzkohlebrocken gefüllt und an der Rückwand des Paludariums angebracht wird, gute Bedingungen schaffen. Ebenso eignen sich hohe Zierkorkröhren als Pflanzstelle für größere Farne.

Für die Bodenbepflanzung bieten sich Usambara-Veilchen *Saintpaulia ionantha* an, deren Herkunft aus dem tropischen Afrika fast unbekannt ist. Zu hohe Temperaturen und Wasser auf den Blättern sagen ihr allerdings nicht zu. Da sie nur wenig Licht benötigt, darf sie auch an halbschattige Plätze gesetzt werden, zudem sind sie hübsche Bodendecker, die zwar recht schnell die Blüten verlieren, aber auch als Grünpflanze mit ihren kleinen rundlichen Blättern ansprechend aussehen.

Für feuchtere Bereiche bis hinein in die Sumpfzone eignet sich die Zimmerkalla *Zantedeschia aethiopica*. Aus der anspruchslosen Haltung im Zimmer ist sie schon lange bekannt. Sie gibt sich mit normalen Zimmertemperaturen (18 bis 20 °C) zufrieden, benötigt allerdings reichlich Licht. Ihre fleischigen Blätter verlangen höhere Luftfeuchtigkeit, besonders während der Blütezeit sollte sie häufig mit temperiertem Wasser besprüht werden. Ihre Scheinblüte hat eine große weiße Fahne (Spatha) mit einem gelben „Kolben", dem eigentlichen Blütenstand, eine Gemeinsamkeit der Aronstabgewächse. Diese Pflanze sollte nicht das ganze Jahr über im Paludarium gehalten werden, da sie in der Natur während der Trockenzeit im Mai/Juni eine Ruheperiode einlegt. Sie sollte dann etwas trockener stehen, trotzdem aber weiterhin gegossen und gedüngt werden. Zum Teil sterben die Blätter während dieser Zeit ab, nach einer kühlen Überwinterung in einem ungeheizten Zimmer treibt sie im Frühjahr neue Blütenstände und Ableger.

Ausgesprochene Sumpfpflanzen sind die Zypergräser *Cyperus,* von denen rund 600 Arten bekannt sind, die z. T. bis zu 3 Meter hoch werden können. Nur einen Meter erreichen *Cyperus alternifolius,* das Wechselblättrige Zypergras, und *C. flabelliformis.* Kleiner bleibt *C. albostriatus* mit 30 bis 40 cm, es ist gut für die Bepflanzung zu verwenden. Alle Zypergrasarten benötigen einen hellen und feuchten Standort, ansonsten sind sie recht anspruchslos. Hohen Nährstoffgehalt sollten wir vermeiden, um zu üppiges Wachstum zu verhindern. Der Bodengrund sollte mit Kies oder Sand angereichert werden, um Problemen bei zu geringer Durchlüftung des Bodens entgegenzuwirken: Die Wurzeln können durch Fäulnis zerstört werden, und selbst sehr große Pflanzen sterben innerhalb weniger Tage ab.

8. Tierbesatz des Paludariums

Ein Paludarium ist auf eine geeignete Bepflanzung angewiesen, weil das Kleinklima von den Pflanzen ausschlaggebend mitbestimmt wird: Sie speichern oder verdunsten Wasser, spenden Schatten oder bieten vielen Tieren Versteck- und Ruheplätze – kurzum, ohne Pflanzen ist der natürliche und künstlich geschaffene feuchtwarme tropische Lebensraum nicht vorstellbar. Andererseits ist ein Großteil der Tiere in der Natur ebenfalls nicht wegzudenken, da beispielsweise die Bestäubung und Samenverbreitung der Pflanzen von einer Vielzahl von Tieren – nicht nur Insekten – abhängig ist. Dies gilt für die natürlichen Lebensgemeinschaften der tropischen Organismen, nicht aber für eine „künstlich ausgewählte Ansammlung" wie sie in unserem Paludarium, aber auch in Aquarien und Terrarien existiert. Durch unsere Pflege und Zucht überleben viele Pflanzen ohne die Anwesenheit von Tieren in der Regel sogar wesentlich besser als mit ihrer Gesellschaft.

Das beste Beispiel liegt wohl am Ende des Verdauungsprozesses der Tiere begründet, ihre Ausscheidungen haben geradezu umwer-

Abb. 39: Die amphibisch lebenden Schlammspringer sind nur in einem Paludarium artgerecht zu halten.

Abb. 40: Die chinesische Rotbauchunke *Bombina orientalis* bevorzugt mäßig warme Flachwasserbereiche.

Abb. 41: Das Erdbeerfröschchen *Dendrobates pumilio* gehört zu den tagaktiven Baumsteigerfröschen, die durchweg sehr rege sind.

Abb. 42: Fast schon kitschig wirkt die Farbgebung von *Dendrobates reticulatus*.

fenden Einfluß auf manche Pflanzen. Viele Echsen, Schlangen und Froschlurche richten sich im Laufe der Zeit regelrechte Toilettenekken ein, die dort lebenden Pflanzen sind von einer ständigen Überdüngung bedroht. Gelangt beispielsweise der Kot von Baumschlangen in den Blatttrichter einer Bromelie, so kann sie absterben, da die organische Substanz aufgrund der zu großen Menge von Bakterien nicht mehr abgebaut werden kann, sondern statt dessen fault. Trotz häufigen Auswaschens mit einer Druckspritze bleiben in den Ritzen und Winkeln noch so hohe Kotkonzentrationen, daß man derart mißbrauchte Pflanzen schon nach kurzer Zeit abschreiben kann.

Ähnliches gilt für Kothaufen auf Pflanzenblättern oder auf dem Wurzelbereich von epiphytisch wachsenden Pflanzen, besonders bei Orchideen. Die Kotstellen bleiben auf den Blättern als „Verbrennungen" (Blattverfärbungen) sichtbar und wirken nicht nur häßlich, sondern verhindern weitgehend eine Assimilation an dieser Stelle. Wurzelteile können ganz absterben, wodurch die Pflanze in ihrer Wasser- und Nährstoffaufnahme stark beeinträchtigt wird.

Wer nun seine kleine tropische Welt hinter Glas im Wohnzimmer mit Fischen, Fröschen, Salamandern, Echsen oder Schlangen bevölkern möchte, muß sich eingehend klar werden, welchen Schwerpunkt überhaupt der Tierbesatz haben soll. Manche Tierarten schließen sich gegenseitig aus, wie zum Beispiel die Baumschlangen mit Fröschen oder Echsen, von denen sie sich ernähren. Daß eine solche Zusammenstellung nicht in unserem Sinne sein kann und darf, ist wohl jedem einigermaßen kritischen Tierhalter klar.

Ebenso beeinträchtigen Hautabsonderungen von Salamandern, Fröschen und Kröten einige Echsen derart, daß sie Vergiftungen erleiden können oder gar an den Folgen sterben.

Tiere haben aufgrund ihrer Aktivität und Lebensweise zum Teil sehr negative Einflüsse auf die Bepflanzung: So wird ein großer Leguan beispielsweise einen sorgsam bepflanzten Epiphytenast schneller abräumen als wir zu seiner Gestaltung gebraucht haben – oder sogar die zartblättrigen Pflanzen kurzerhand auffressen. Dies gilt auch für Wasserschildkröten, die ihre grüne Umgebung am liebsten als Mittagessen sehen und den Pflanzenwuchs auf recht radikale Weise kurz halten.

Jeder Paludarianer muß sich vorzeitig konkrete Vorstellungen von der Fauna seines kleinen künstlichen Lebensraumes machen und

Abb. 43/44: Das Axolotl *Ambystoma mexicanum* bleibt als eine der wenigen Schwanzlurche sein ganzes Leben im Wasser . . .

. . . ebenso wie der Krallenfrosch *Xenopus laevis* aus dem tropischen Afrika.

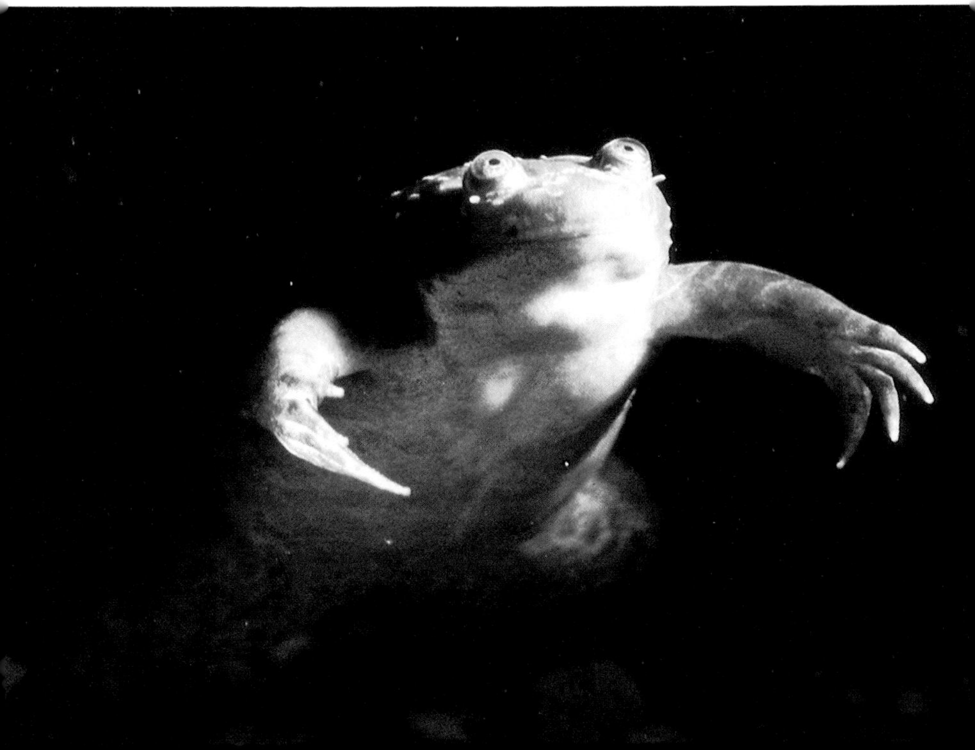

sich zu einer Entscheidung meist zugunsten einer Tierfamilie, manchmal sogar für nur eine Art durchringen. In den nachfolgenden Beschreibungen will ich bei der Entscheidung helfen und die Vor- und Nachteile einzelner Gattungen darstellen. Selbstverständlich kann ich in diesem Umfang nur kurze Hinweise geben, die jeder für sich in der weiterführenden Literatur ergänzen sollte.

8.1 Fische

Vielen „werdenden Paludarianern" wird dieser Punkt wahrscheinlich das wenigste Kopfzerbrechen bereiten: Die meisten waren wohl vorher Aquarianer, denen die eingeengte Welt des Aquariums für die gewachsenen Ansprüche nicht mehr ausreicht. Hier will ich deshalb nur kurz und grundsätzlich auf den Fischbesatz zugunsten der eher unbekannten Amphibien und Reptilien eingehen.

Der aquatische Teil des Paludariums unterscheidet sich von einem Aquarium durch seine offene Struktur: Durch Tiere können in das Wasser Stoffe eingetragen werden, z. B. Kot durch Frösche und Echsen oder Bodenteilchen durch Kröten, Salamander und Schlangen, was dann zu Verunreinigungen führt. Der Wasserteil ist in einem Paludarium somit weitaus weniger „steril" als das recht genau im Wasserchemismus zu regulierende Aquarium. Aus diesem Grund dürfen besonders empfindliche und auf konstante Bedingungen angewiesene Fischarten hier nicht gehalten werden, sondern solche Arten, die z. B. im ufernahen Bereich der tropischen Seen und Flüsse vorkommen.

Es setzt allerdings voraus, daß die hier gehaltenen Arten robust sind, etwa verschiedene Welsarten wie *Corydoras* oder *Ancistrus,* deren natürliche Lebensweise sich schon an ihrem Verhalten (Durchwühlen des Bodengrundes nach Freßbarem) ablesen läßt. Ihre langen Bartfäden sind ein Kennzeichen für ihre Orientierung im schlammigen Untergrund der Gewässer, wo sie sich kaum optisch orientieren können.

Auch die an schlechte Sauerstoffverhältnisse angepaßte Atmungstechnik der Labyrinthfische gibt uns Aufschluß über deren Lebensraum. Manche Arten, wie z. B. die Beilbauch-Salmler, sind als typische Oberflächenfische für den Paludarienwasserteil gut geeignet, ihre oberseits abgeflachte Körperform läßt auf die oberflächennahe Lebensweise schließen. Sie leben in den Flüssen Südameri-

Abb. 45: Der Goldbaumsteiger *Dendrobates auratus* ist wie alle anderen Färberfrösche mittlerweile geschützt.

Abb. 46: Der Rotaugenfrosch *Agalychnis callidryas* ist ausgesprochen nachtaktiv und verschläft den Tag zwischen Blättern im Geäst.

kas von Insekten und Kleintieren, die auf die Wasseroberfläche fallen und von ihnen einfach abgesammelt werden. Diese ruhigen Arten können als Schwarmfische gehalten und problemlos mit anderen kleinen und ruhigen Arten vergesellschaftet werden, etwa Salmlern wie Halbzähnern *Nannostomus* oder *Hyphebrycon-* und *Hemigrammus*-Arten oder der fast schon legendäre Rote Neon *Paracheirodon axelrodi.*

Eine stattliche Erscheinung ist der 12 cm lange Schmetterlingsfisch *Pantodon buchholzi,* ein Paradebeispiel eines Oberflächenfisches. Er ist wie die Beilbäuche an das Leben an der Wasser-Luft-Grenze angepaßt. Sein weit nach unten stehendes Maul eignet sich hervorragend, um Fliegen von der Wasseroberfläche zu schnappen. Seine langen fadenförmigen Brustflossen deuten an, daß er auch in flacherem Wasser vorkommt, wo er damit die Tiefe ausloten kann. Wie die meisten Bewohner flacher und stark bewachsener Uferabschnitte tropischer Flußläufe benötigt er ebenso wie die vorher genannten Arten dichten Pflanzenwuchs und Wurzelwerk als Versteckplatz. Die natürliche Lebensweise wird ihm hier viel mehr ermöglicht als in einem dicht besetzten großen Gesellschaftsaquarium.

Aus den Reihen der afrikanischen Killifische *Aphyosemion* eignen sich ebenfalls eine ganze Reihe von Arten, die sich oft mit den denkbar schlechtesten Bedingungen zurechtfinden müssen, da ihre Gewässer fast regelmäßig zur Trockenzeit bis auf kleine Restpfützen zusammenschrumpfen oder ganz austrocknen. Diese herrlich bunten Arten sind für jedes Aquarium eine Bereicherung und lassen sich im Gegensatz zu vielen unverträglichen Zahnkarpfen schwarmweise halten. Sie sind an den niedrigen Wasserstand gewöhnt und nützen auch die Uferzonen im Paludarium aus.

Besondere Bedeutung kommt der „Müllabfuhr des Aquariums" zu, den Welsen und Schmerlen. Ihre Tätigkeit als Mulmfresser drängt sich für unser Paludarium geradezu auf: da sie für ihr Wohlbefinden die typische Lebensweise ausüben müssen, können sie sich im Paludarienwasserteil hervorragend entwickeln und tragen zudem erheblich zur Säuberung bei. Sie sind wegen ihrer oftmals bizarren Gestalt interessante Pfleglinge.

Da vielfach der Drang zum Besonderen besteht, könnte der Wunsch aufkommen, etwa Schützenfische *Toxotes jaculatrix,* Schlammspringer oder Vieraugen *Anableps anableps* zu halten. Es ist nicht unmöglich, jedoch sollte bedacht werden, daß der Schützenfisch grundsätzlich zwar eine ausgesprochen paludariengeeignete Art wäre – gäbe es nicht seinen Bedarf nach salzhaltigem (brackigem) Wasser, im Alter sogar nach reinem Salzwasser. Wollte man ihn halten, würde das voraussetzen, daß man den entsprechenden Salzgehalt schafft, was aber eine Änderung der Bepflanzung notwendig macht: Die ufernahen Landpflanzen müßten salzresistent sein, normale tropische Organismen können nicht in und am salzigen Brackwasser leben. Da innerhalb dieses Umfanges eine derart spezielle Ausführung nicht abgehandelt werden kann, soll es mit diesen Hinweisen genug sein.

Begeistert wird jeder von den kleineren Schlammspringer-Arten sein, die manchmal angeboten werden. Sie bewohnen die durch wechselnde Wasserstände gekennzeichneten Mangrovenwälder und Schlickflächen, wo sie oft längere Landausflüge unternehmen. Obwohl sie keine Lunge besitzen, können sie ihren Sauerstoffvorrat durch ein eigenes mitgeführtes Wasserreservoir decken. Sie klettern erstaunlich gut, indem sie ihre Brustflossen als Stütze benutzen und erklimmen selbst aus dem Wasser ragende Äste. Sie nehmen durchaus auch an Land Nahrung auf, etwa Insekten oder kleinere Würmer. Allerdings sollte auch bei den Schlammspringern die Notwendigkeit des brackigen Wassers bedacht werden, doch sind sie längere Zeit auch schon in reinem Süßwasser gepflegt worden.

8.2 Schwanzlurche

Nur wenige Schwanzlurche lassen sich aquatisch halten; die meisten Arten bevölkern nur während der kurzen Fortpflanzungszeit das Wasser. Die einzige vollaquatisch lebende Art ist das 25 cm große Axolotl *Ambystoma mexicanum*. Die kiementragenden Tiere sind entwicklungsfähig in der Larvenphase stehengebliebene Salamander; man bezeichnet dieses fortpflanzungsfähige „Larvenstadium" als Neotenie. Das natürliche Vorkommen in seiner Heimat Mexiko im Xochimilco-See ist stark bedroht, weshalb die Art unter strengem Schutz steht (WA Anhang 2). Die häufig gehaltenen weißen (albinotischen) und grauen Axolotl werden allerdings recht einfach nachgezüchtet, auch ohne weitere Entnahme aus der Natur kann die Haltung verantwortet werden. Das Axolotl ist ein Paradebeispiel für den absoluten Schutz bei gleichzeitiger Möglichkeit der

◁ Abb. 47: An das Gackern eines Huhnes erinnert der Ruf des Beutelfrosches *Gastrotheca riobambae*, häufig unter *G. marsupiata* angeboten.

Abb. 48: Die häufigste für Feuchtterrarien angebotene Froschart ist der nordamerikanische Laubfrosch *Hyla cinerea*.

Abb. 49: Pfeiffrösche (hier *Eleutherodactylus coqui*) veranstalten nächtliche Pfeifkonzerte, die jedem Singvogel Konkurrenz machen können.

Zimmerhaltung, weil ausreichend Nachzuchten den „Bedarf" decken können.

Wir können sie mit Regenwürmern und Schnecken ernähren, allerdings stellen sie auch kleineren Tieren wie Fischen oder Molchen nach. Bei der Vergesellschaftung mit anderen Arten ist deshalb Vorsicht geboten, zumal sie einen erstaunlichen Appetit entwickeln.

Andere *Ambystoma*-Arten sind ausgesprochene Landbewohner, zum Teil entwickeln sich sogar ihre Eier an Land an feuchten Stellen. Wie unser einheimischer Feuersalamander sind sie versteckt lebende, nächtlich aktive Gesellen. Man sieht sie wenig, und besonders im großen Paludarium sollte von einer Haltung abgesehen werden, um nicht die Kontrolle über den Tierbesatz zu verlieren.

Relativ stark an das Wasser gebunden sind der Feuerbauchmolch *Cynops pyrrhogaster* aus Japan und der Warzenmolch *Paramesotriton hongkongensis* aus der Umgebung von Hongkong. Beide Arten sind auf wärmeres Wasser angewiesen (17 bis 20 °C) und können den bepflanzten Wasserteil des Paludariums bevölkern.

Die Lebensweise und Fortpflanzung entspricht weitgehend der unserer einheimischen Molche, wenn auch die Asiaten höhere Temperaturen benötigen. Beide Arten sind kräftig gebaut und lassen sich gut pflegen. Wenn sie kühler gehalten werden, verbringen sie das ganze Jahr über im Wasser. Ansonsten verlassen sie das Wasser und verstecken sich an Land unter Moospolstern, Holzstücken oder in kleinen Erdhöhlen. Günstiger wäre es allerdings, die an Land gehenden Tiere in einem kleineren feuchten Terrarium zu pflegen, um sie besser kontrollieren und füttern zu können.

8.3 Froschlurche

Unter den wasserlebenden Froschlurchen gibt es nur wenige geeignete Arten. Am bekanntesten sind die Krallenfrösche *Xenopus* und Zwergkrallenfrösche *Hymenochirus* Süd- und Westafrikas. Sie haben sich vollständig an das Leben im Wasser angepaßt. Ihr lebhaftes und tolpatschiges Auftreten macht sie zu liebenswerten Zimmergenossen, auch wenn sie mit ihrem Aussehen nicht gerade einen Schönheitswettbewerb gewinnen würden. Dank ihrer recht anspruchslosen Lebensweise sind sie sehr geeignet für eine Haltung im Paludarium, jedoch sollte man bei den immerhin bis 12 cm großen Krallenfröschen beachten, daß sie durchaus kleinere Fische fressen und sich nicht mit Tubifex und Regenwürmern zufriedengeben, wie die nur 4 cm kleinen Zwergkrallenfrösche. Beide Arten leben gern im Pflanzendickicht des Uferbewuchses.

Ähnlich verhält es sich auch mit den südamerikanischen Wabenkröten, *Pipa pipa* (bis 20 cm) und *Pipa carvalhoi* (bis 8 cm), letztere ist die wohl häufigere der bei uns recht selten gehaltenen Arten. Auch die Wabenkröten vereiteln die gemeinschaftliche Haltung mit kleineren Fischen weitgehend. Die hochinteressante Fortpflanzungsbiologie der *Pipa*-Arten gleicht bei gelungener Nachzucht dies allerdings schnell wieder aus: Die Unterwasserballetts der Paarungsspiele sind ebenso wie die Entwicklung der Eier in der wabenartig angelegten Rückenhaut des Weibchens einmalige und unvergleichbare biologische Vorgänge. Bei Tierarten mit derart einzigartigen Lebensvorgängen sollte man deshalb schon auf einen Besatz mit weiteren Tieren verzichten.

Eine dritte Gruppe unter den wasserlebenden Froschlurchen stellen die weitaus weniger wassergebundenen Unken *Bombina* dar. Die mit unseren einheimischen Gelb- und Rotbauchunken verwandte Chinesische Rotbauchunke *Bombina orientalis* mag keine hohen Luft- und Wassertemperaturen, sie lebt in Nord-Ost-China und Korea in klaren Bergbächen. Es wird meist bei der exotischen grün-schwarzen Marmorierung der Oberseite und der rot-schwarzen Unterseite übersehen, daß es sich um ein Tier handelt, das nur wenig mehr Wärme in seiner Heimat erhält als unsere einheimischen Arten. Eine Überwinterung sollte den Tieren gewährt werden. Zwischen 2 300 und 3 000 Meter Höhe lebt die Riesenunke *Bombina maxima,* die mit 6 bis 7,5 cm weitaus größer als die 4,5 cm messende Verwandte wird. Sie besiedelt hier vegetationsreiche Tümpel und kommt wegen ihrer kühleren Haltungstemperatur nur bedingt für das warme Paludarium in Frage.

Als amphibisch lebend sind hier nachfolgend solche Arten gefaßt, die sich sowohl an Land als auch im Wasser aufhalten. In der Regel liegt der Hauptaktionsbereich an Land nur zu bestimmten Zeiten, schwerpunktmäßig zur Fortpflanzungszeit wird das Wasser aufgesucht. Diese Arten sind für eine Haltung im Paludarium in der Regel die geeignetsten, weil es dem natürlichen Lebensraum in groben Zügen entsprechen kann.

Unter allen in Frage kommenden Tiergruppen stellen die Froschlurche hier das größte Kontingent der landlebenden, aber noch auf das Wasser angewiesenen Arten. Das liegt in ihrem Entwicklungsstand begründet, Amphibien vollziehen in der Regel ihre Ei- und Larvenentwicklung im Wasser, während das ausgewachsene Tier an Land lebt. Gerade in den tropischen Regenwaldklimaten haben die Froschlurche eine geradezu paradiesisch feuchte Umgebung, was sich in ihrer Artenfülle widerspiegelt.

Die meisten Arten sind friedfertig und lassen sich problemlos mit anderen Tieren vergesellschaften. Dies ist nicht nur auf ihre Größe bezogen, sondern insbesondere auch auf die oft sehr wirksamen Hautgifte, die viele Amphibienarten vor Feinden schützen. Besonders die mikroskopisch kleinen und für uns oft als unwichtig angesehenen Organismen machen den Amphibien in ihrer fruchtbar feuchten Umgebung sehr stark zu schaffen – die Hautgifte verhindern primär das Eindringen und die Infektion durch Bakterien.

Der amerikanische Kontinent und die Karibik sind das Hauptverbreitungsgebiet der tropischen Laubfrösche *(Hyla)*, von denen eine Reihe für das Paludarium in Frage kommen. Der nordamerikanische Laubfrosch *Hyla cinerea* ist sowohl in den warmgemäßigten Subtropen als auch in den kühlgemäßigten Bereichen beheimatet. Er ähnelt in seiner Lebensweise seinem europäischen Verwandten durchaus. Die kräftige lackgrüne Färbung wird durch kleine gelbe Flecken auf dem Rücken ergänzt. Zwei weitere der unzähligen Laubfroscharten, der Königslaubfrosch *Hyla regilla* und der Farbwechselnde Laubfrosch *Hyla versicolor* sind ebenfalls in den Subtropen Nordamerikas, wie den Everglades, zu finden. Sie leben im Geäst der Büsche und dem Röhricht der Gewässerränder.

Die artenreiche Verwandschaft der baumbewohnenden Frösche Mittel- und Südamerikas ist hier nur ansatzweise zu beschreiben; da sie aber die gleichen Ansprüche an ein Paludarium stellen, können sie gemeinsam behandelt werden. Viele Arten können zu mehreren in einem Paludarium von 80 bis 100 cm Länge gehalten werden.

Die Gespenstfrösche *Smilisca* verschlafen in epiphytenbewachsenen Bereichen gern den Tag in den Blatttrichtern der Bromelien, was bei der Paludarieneinrichtung unbedingt beachtet werden sollte. Einige größere Vrieseen oder Guzmanien bieten ihnen dazu gute Bedingungen.

Abb. 50: Der nächtlich aktive Waldsteiger *Leptopelis vermiculatus*.

Abb. 51: Zipfelkrötenfrösche *Megophrys monticola nasuta* sind große und gefräßige Tiere, die man nicht mit anderen Arten vergesellschaften sollte.

Aus den Tropen der Alten Welt (Afrika, Asien) sind einige Arten zu nennen, die in ihrer Lebensweise den amerikanischen Arten ähneln: die zentralafrikanischen Waldsteiger *Leptopelis*, die südafrikanischen Gefleckten Waldsteiger *Hylambates maculatus = Kassina m.* und die Greiffrösche *Chiromantis*. Diese relativ kräftig gebauten Baum- oder Buschbewohner entsprechen dem „Laubfroschtyp", wir sollten ihnen ausreichend Kletter- und Versteckmöglichkeiten in Form von Pflanzen und Ästen anbieten.

Auch in der australischen Region sind entsprechende Froscharten vorhanden, insbesondere die erst kürzlich von den Laubfröschen (*Hyla*-Arten) abgetrennten australischen und neuguinesischen *Litoria*-Arten. Sie sind den baumbewohnenden vorher genannten Arten in Aussehen und Lebensweise in etwa gleichzusetzen. Die hier wohl bekannteste Art dürfte der Korallenfinger *Litoria caerulea* sein, mit 10 cm Größe eine imposante Erscheinung. Seltener sieht man den etwas größeren, ebenfalls leuchtend grünen *Litoria infrafrenata*. Diese kräftigen Baumbewohner dringen in ihrer Heimat bis in die Nähe der Siedlungen vor. Ihrer Größe entsprechend sind sie sehr gefräßig und dürfen deshalb auch nicht mit kleineren Verwandten gemeinsam gehalten werden, um einer teuren Mahlzeit vorzubeugen. In Gefangenschaft nehmen sie gern nestjunge Mäuse, die aus der Hand gefüttert werden können.

Die wohl bizarrste Gestalt hat der in Südost-Asien lebende 12 cm große Zipfelkrötenfrosch *Megophrys monticola nasuta,* dessen Aussehen die Färbung und Gestalt welker Blätter „nachahmt". Der lichtscheue Bodenbewohner verharrt oft stundenlang bewegungslos an dunklen Stellen und bleibt dabei fast unsichtbar. Erst in der Nacht wird er aktiv und geht auf Insektenjagd. Der Platzbedarf des Zipfelkrötenfrosches ist recht hoch, auch sollte er nicht wärmer als bei 22 bis 24 Grad gehalten werden.

Die Ruder- oder Flugfrösche *Rhacophorus* Südost-Asiens und der Philippinen haben sich vom Wasser weitgehend gelöst. Die eigentümliche Brutbiologie der bis 10 cm großen, zum Teil laubfroschartigen Tiere ist schon oft Anlaß für wissenschaftliche Untersuchungen gewesen. Die Tiere bauen in Blätter hinein ein Schaumnest, das über einer Wasseroberfläche liegen muß. In eine zu Schaum geschlagene und zäh erstarrende Flüssigkeit legt das Weibchen bis zu 800 Eier, die sich dort geschützt entwickeln. Bei heftigen Regenfällen werden die Eier oder Larven in das Gewässer gespült und entwickeln sich dann dort weiter. Manche Arten haben es sogar so weit gebracht, daß die Jungfrösche sich vollständig im Schaumnest entwickeln und umwandeln und deshalb nicht mehr auf das Wasser angewiesen sind. Bei der Haltung sollte diese spezialisierte Brutbiologie beachtet werden. Bei zu erwartenden Nachzuchten sollten keine größeren Fische gehalten werden, um die Kaulquappen nicht zu gefährden – dies gilt ebenso für andere Frosch- und Krötenarten.

Eine ähnliche Fortpflanzungsstrategie zeigen die mittel- und südamerikanischen Rotaugenfrösche *Agalychnis*. Diese nachtaktiven, sehr auffällig bunten Frösche legen ebenfalls ein Schaumnest auf der Unterseite von Blättern an, das dann nach einigen Tagen durch das Gestrampel der Larven in das Wasser abrutscht. Voraussetzung für erfolgreiche Pflege oder gar Zucht ist ein recht hohes Paludarium, in dem die Tiere neben dichtem Hintergrundbewuchs auch die für ihr Laichverhalten notwendigen über die Wasserfläche ragenden Blätter geboten bekommen. Entsprechendes gilt für die annähernd das gleiche Verbreitungsgebiet besiedelnden Greif- oder Makifrösche, *Phyllomedusa*-Arten, die wie die Rotaugenfrösche durch ihre bunte Färbung auffallen würden – wären sie nicht ausgesprochen nachtaktiv.

Nur 2 bis 4 cm groß, dafür überaus laut sind die Riedfrösche *Hyperolius,* die wie die Bananenfrösche ein etwas trockenes Klima bei 50 bis 60 % relativer Luftfeuchte benötigen. Diese artenreiche Gattung ist im tropischen und subtropischen Afrika beheimatet. Ihre hübsche bunte Färbung reicht in der Regel schon aus, um sich für diese netten kleinen Gesellen zu interessieren. Meist leben sie im Schilfdickicht der Gewässer, die von Zypergrasarten und Calla *Zantedeschia aethiopica* bestanden sind. Sie brauchen nicht viel Platz, das Paludarium sollte aber doch größer bemessen sein, um eine biotopgerechte Bepflanzung zu ermöglichen. Mit Vorsicht zu genießen ist allerdings ihre Art der Verständigung: Man traut derart kleinen Fröschen keinesfalls einen solch ohrenbetäubenden Lärm zu. Ihre Schallblasen verstärken den Ruf so laut, daß in einem Mietshaus manche Riedfroschbesatzung schon den Platz räumen mußte, weil die nächtlichen Störungen unerträglich waren. Wer das nicht scheut und trotzdem einen mehrstimmigen Chor pflegen möchte, sollte es mit diesen hübschen Gesellen versuchen. Wesentlich leichter, aber nahezu bei den gleichen Bedingungen können wir die 3 cm großen Bananenfrösche *Afrixalus* der Regenwälder wie auch der Savannengebiete Afrikas pflegen.

Neben den Laubfroschartigen sind auch ausgesprochen bodenbewohnende Froschgattungen im tropischen Afrika nicht selten. Die Ochsenfrösche *Leptodactylus* halten sich gern in der Nähe des Gewässers auf, in das sie bei Störungen oder Gefahr blitzartig flüchten. Die kleineren Arten (bis 6 cm Länge) sind gut mit anderen Tieren gemeinsam zu halten, größere, zum Beispiel der bis 13 cm große *Leptodactylus ocellatus* oder der bis 20 cm große *L. pentadactylus* sollten allerdings nicht vergesellschaftet werden, da die Mitbewohner gewohnheitsgemäß verspeist werden könnten. Zudem sollten wir bei den größeren Arten die Bepflanzung des Bodengrundes entsprechend derb wählen. Geeignet sind z. B. große Buntwurz-*(Caladium)* oder Baumfreund-*(Philodendron)*-Arten, unter denen sie sich Versteckplätze suchen. An sich sollten solch große Arten aus einem dicht bepflanzten Paludarium fern bleiben.

Je größer eine Tierart ist – egal, ob Fisch, Frosch, Echse oder Schlange und besonders Schildkröte –, um so mehr muß die Bepflanzung unter der Belastung leiden. Großwüchsige Arten, z. B. die südafrikanischen Hornfrösche *Ceratophrys* mit Längen zwischen 12 und 20 cm oder die 25 cm langen Grabfrösche *Rana adspersa,* gehören nicht in ein Paludarium, auch wenn sie in den tropischen Lebensräumen vorkommen.

Wegen ihrer versteckten Lebensweise sind auch kleinere Arten nicht unbedingt zu empfehlen. Da es sehr häufig nachtaktive, tagsüber unter Holz oder Moospolster versteckt lebende Tiere sind, wird man von ihnen herzlich wenig in einem unübersichtlichen Vivarium mitbekommen. Dies gilt für den bis 7,5 cm messenden südostasiatischen Ochsenfrosch *Kaloula pulchra,* den 6 cm kleinen Zwerghornfrosch *Odontophrynus americanus* oder auch den sehr teuren, wenn auch farblich unübertrefflichen Tomatenfrosch *Dyscophus antongili* aus Madagaskar, bei dem die Weibchen 12, die Männchen 7 cm erreichen. Zweifelsohne sind derartige Tierarten in einem übersichtlichen und kleineren Feuchtterrarium wesentlich besser aufgehoben.

Unter den echten Kröten *Bufo* gibt es weltweit zahlreiche tropische Arten, die einzeln gar nicht aufgezählt werden können. Manche bleiben in einer für uns interessanten Größe, die bei etwa 8 bis

Abb. 52: Die Saumfinger *Anolis* zählen zu den dankbarsten Paludarientieren: hier der häufig angebotene Rotkehlanolis *Anolis carolinensis*.

Abb. 53: *Anolis evermanni* von Puerto Rico ist in Ruhefärbung schokoladenbraun.

10 cm liegt. Die anfangs nur 1 cm winzigen, frisch metamorphosierten Jungkröten wachsen nicht selten auf über 20 cm im Laufe von 5 Jahren heran, z. B. die Agakröte *Bufo marinus* aus den mittel- und südamerikanischen sowie karibischen Feuchtklimaten. Die Kröten benötigen einen Wasserteil meist nur zur Fortpflanzungszeit, ansonsten reicht ihnen eine kleine Wasserschale, die sie oft sogar lieber aufsuchen als einen großflächigen Wasserteil.

Lediglich die oft unternehmungslustigeren kleinbleibenden Arten lassen sich ohne große Abstriche empfehlen, etwa die Schwarznarbenkröte *Bufo melanostictus* oder *Bufo typhonius,* die auch bei Ausflügen ins Geäst nur wenig Schaden anrichten.

Tropische Baumfrösche gehören ohne Zweifel zu den ansprechendsten Tierarten, die man sich in einem Paludarium vorstellen kann. Die schon zuvor angesprochenen Maki- und Rotaugenfrösche sind zwar reine Baumbewohner, jedoch ist ihre nächtliche Aktivitätszeit eine für uns ungünstige Eigenart.

Die grellbunten Färberfrösche der Gattungen Baumsteiger *Dendrobates,* Blattsteiger *Phyllobates* sowie die Stummelfußfrösche *Atelopus* aus dem tropischen Mittel- und Südamerika vereinigen die Vorteile farbenprächtiger, lebhafter Arten mit der Tagesaktivität der meist unscheinbar gefärbten Froschlurche. Eine Ausnahme stellt der Blattsteiger *Colostethus* dar. Er ist sehr unauffällig braun gefärbt und wird bis zu 3 cm groß. Die anderen Färberfrösche werden in der Regel nicht wesentlich größer, wenn man von einigen „Riesenarten" mit bis zu 6 cm Körpergröße absieht, z. B. *Dendrobates silverstonei, D. azureus* oder *D. bassleri.*

Die wie frisch lackierten Färberfrösche tragen ihren Namen völlig zu Recht, denn die Farbzusammenstellung und Leuchtkraft einiger Arten grenzt an das für uns Glaubwürdige und erinnert mehr an ein in das Paludarium geworfenes Bonbonpapier als an einen Frosch. Jedoch sind diese Farben keine Spielerei der Natur, sondern haben einen sehr bedeutenden Hintergrund: Viele giftige Tier signalisieren ihren Freßfeinden „Halt, ich bin ungenießbar". Die in den Hautdrüsen der Färberfrösche produzierten Gifte sind so stark, daß sie, wenn sie in die Blutbahn eines Vogels oder Säugetiers gelangen, schon in sehr geringer Konzentration zum Tode führen können. Sie besitzen die stärksten im Tierreich bekannten Gifte, selbst der Hautkontakt kann bei empfindlichen Personen Hautreizungen und Ausschlag hervorrufen.

Trotz allem sollte dieser Umstand kein Grund zur Furcht sein, da das Hautgift in erster Linie als Waffe gegen die mikroskopisch kleinen Feinde – die Bakterien – eingesetzt wird. Ernsthafte Vergiftungen bei Pflegern sind nicht bekannt – vorausgesetzt, man behält die für alle Amphibien notwendigen Hygiene-Regeln bei.

Färberfrösche klettern sehr gern und haben sich auf eine regelrechte Symbiose mit Bromelien eingelassen. Während manche Arten auf dem Boden leben, etwa der Goldbaumsteiger *Dendrobates auratus* und unter anderem auch die dortigen Bromelien aufsuchen, können andere Arten auch die Epiphytenkolonien in luftigen Höhen besiedeln. Selbst das Fortpflanzungsgeschäft vollziehen sie hier und haben sich von den Bodengewässern vollständig unabhängig gemacht. Nach oft nervenaufreibenden Verfolgungsjagden und Balzspielen legen die Weibchen ihre oft nur wenige Eier zählenden Gelege in die wassergefüllten Bromelientrichter und Blattachseln. Hier ist genug Platz und Nahrung für die schlüpfenden und heranwachsenden Kaulquappen, deren schützender Lebensraum durch die täglichen Regenschauer mit Wasser gefüllt bleibt. Das Erdbeerfröschchen *Dendrobates pumilio* z. B. versorgt seine Kaulquappen sogar mit unbefruchteten Eiern, die dann als Kraftfutter gierig von seinen Nachkommen verzehrt werden. Diese Vorgänge können wir im Paludarium und auch in kleineren Feuchtterrarien wunderbar beobachten und auch die unterschiedlichen Verhaltensweisen der tagaktiven Färberfrösche miterleben.

Die Nachzuchten vieler Terrarianer haben in den letzten Jahren die Importe gerade dieser Froschgruppe fast schon überflüssig gemacht, eine Selbstversorgung durch gezielte Nachzuchten, die bei Färberfröschen unproblematisch ist, dürfte für ernsthafte Froschpfleger kein zu hoher Anspruch sein. Eine Voraussetzung dazu ist allerdings eine ausreichende Ernährung, besonders während der Wintermonate. Fruchtfliegen *Drosophila* stellen für Dendrobaten die Ernährungsgrundlage dar, fast alle Arten lassen sich damit hervorragend ernähren.

Eine oft gestellte Frage, wie man in einem großen Paludarium denn eine ausreichende Futterdichte erreichen kann, um nicht jeden Tag pfundweise die kleinen Fliegen in das Paludarium geben zu müssen, kann man mit einem ganz einfachen Trick aus der Welt schaffen. Ein kleines grobmaschiges Geflecht, etwa ein Futtertrichter aus der Aquaristik, wird über ein Stückchen Obst gestülpt, das auf einem Plastikuntersetzer liegt. Die Fruchtfliegen machen ihrem Namen alle Ehre und suchen die fruchtige Nahrung auf, die sie durch die Maschen des Futtertrichters erreichen können. Hier ist für die Frösche nun eine dauernde Nahrungsquelle eingerichtet, die sie auch bald ausfindig machen und gezielt aufsuchen. Da sich die Fruchtfliegen hier sammeln, kann ein übermäßiger Futtereinsatz vermieden werden. Schon nach wenigen Tagen werden sich auch die kleinen Fliegenlarven hier zeigen, die dann ebenfalls als Futter dienen. Man braucht nur nach einigen Tagen neues Obst, etwa Bananenstücke, zuzugeben und von Zeit zu Zeit die Stelle gründlich zu säubern.

Zu beachten ist, daß nicht alle Tiere mit den Färberfröschen zusammen gepflegt werden dürfen. Die Saumfinger *Anolis* beispielsweise können durch deren Absonderungen möglicherweise vergiftet werden, auch wenn sie keinen direkten Kontakt mit den Fröschen hatten. Andere Tiergattungen, z. B. die Taggeckos *Phelsuma*, hatten trotz langzeitiger gemeinsamer Pflege keine Probleme und können mit Färberfröschen in der Regel vergesellschaftet werden.

Weniger auffallend in ihrer Färbung, dafür aber um so interessanter in ihrer Lebensweise – da noch weiter vom Wasser unabhängig – sind die in Mittel- und Südamerika sowie der Karibik heimischen Antillen-Pfeiffrösche *Eleutherodactylus*. Die 3 bis 5 cm langen Tiere machen ihrem Namen alle Ehre: Oft kommen in einem Lebensraum gemeinsam mehrere Arten vor, die dann nach Einbruch der Dämmerung ein überwältigendes Konzert beginnen. Jede Pfeiffroschart hat eine andere Tonfolge, so daß man ihre Rufe eher einem Singvogel zutraut als einer Horde Frösche. Die Tiere halten sich auch in direkter Nähe der Häuser auf – oft sogar darin. Eigene Erfahrungen konnte ich in Puerto Rico machen, wo nicht selten aus dem Wasserhahn vor dem Wasserschwall zuerst ein Frosch flüchtete. Andere delikatere Aufenthaltsorte will ich vorsichtshalber verschweigen, um den Pfeiffröschen einen schlechten Ruf zu ersparen.

Die Pfeiffrösche sind im Vergleich mit den im Wasser laichenden Verwandten wahre Überlebenskünstler, da sie zur Ablage ihrer Eier lediglich eine geschützte feuchte Stelle benötigen. Aus der Eihülle schlüpfen anstelle der Kaulquappen die fertig entwickelten Jungfrösche, die anfangs zu den kleinsten Fröschen gehören: ganze 3 mm – kleinere Arten sogar nur 2 mm – sind sie beim Schlupf groß.

Abb. 54: Stärkere Bepflanzung erfordert der Helmleguan *Corytophanes cristatus*.

Abb. 55: Der Smaragdskink *Dasia smaragdina* nutzt selbst flachste Spalten als Versteckplatz.

Sie müssen – wie auch die jungen Färberfrösche – mit kleinstem Futter ernährt werden, beispielsweise den einfach in Mengen zu züchtenden Springschwänzen, die sich nicht selten sogar auf den Blumentöpfen der Zimmerpflanzen herumtreiben. Pfeiffrösche sind, sobald sie eine futterfreundliche Größe von über 1 cm erreicht haben, langlebige und angenehme Pfleglinge, die einem Paludarium nachts einen Hauch von Urlaub verleihen, da sie regelmäßig bei ausreichender Feuchtigkeit ihr melodisches Konzert veranstalten. Sie können durchaus zu mehreren Arten gemeinsam gehalten werden.

Froschlurche ziehen durch besondere Fortpflanzungsstrategien Bewunderung auf sich; eine Gattung darf deshalb nicht fehlen: die Beutelfrösche *Gastrotheca*. Kleinere Arten wie *Gastrotheca marsupiata* erreichen ca. 6 cm Größe, der Riesenbeutelfrosch *Gastrotheca ovifera* wird ca. 10 cm groß. Diese typischen Regenwaldbewohner haben es sich wie viele andere zu eigen gemacht, die von Feinden umlauerten Gewässer am Boden des Urwaldes nicht mehr oder nur kurzzeitig aufzusuchen. Die Weibchen der Beutelfrösche haben eine Tasche auf dem Rücken, aus der die relativ weit entwickelten Larven (bei *G. marsupiata*) oder gar vollständig umgewandelte Jungfrösche (bei *G. ovifera*) schlüpfen. Für ihre Haltung gelten in etwa die gleichen Bedingungen wie für die baumbewohnenden Laubfroscharten, lediglich sollten zusätzlich etwa 1 bis 2 l fassende Wasserbehälter zur Larvenentwicklung an versteckten Plätzen im Paludarium angebracht werden. Ein mit Fischen besetzter Aquarienteil eignet sich für die Larvenentwicklung selbstverständlich nicht; Beutelfrösche bevorzugen sowieso kleinere und geschützte Wasseransammlungen.

8.4 Schildkröten

Viele Wasserschildkröten müßten im Grunde genommen im Paludarium gepflegt werden, da die Tiere sich weitaus besser in diesem geräumigen Vivarium entfalten können als in den vielfach viel zu kleinen Aquarien oder schlimmstenfalls den speziell für die Schildkrötenpflege angebotenen Plastikbecken mit der obligatorischen Kunststoffpalme in der Mitte der als Futternapf bestimmten Insel. Leider entfalten Schildkröten einen ausgesprochen gesunden Appetit und verschmähen neben der vorwiegend tierischen Kost aus Regenwürmern, Fischen und Schnecken auch pflanzliche Nahrung nicht. Innerhalb kürzester Zeit würde unser üppiger Bewuchs im Magen der Schildkröten enden.

Ihre hohe Freß- und Bewegungslust ist die Ursache für den sehr hohen Stoffwechsel: die mehr als reichlich anfallenden Exkremente der Tiere können selbst von einem starkem Filter nicht mehr bewältigt werden, so daß wir entweder das Wasser von Hand wechseln oder aber die Schildkröten weiterhin das sterile Aquarium besiedeln müssen. Die Pflege großer Wasserschildkröten ist in einem derart empfindlichen – wenn auch künstlich geschaffenen – System wie dem Paludarium ohne hohen Aufwand an Technik und Zugeständnissen an die Ansprüche der Tiere nicht zu realisieren. Eine nähere Betrachtung der eventuell in Frage kommenden Arten (z. B. Weichschildkröte) wird hier deshalb auch nicht vorgenommen.

8.5 Echsen

Von der Vielzahl der in den Feuchttropen lebenden Echsen können nur sehr wenige ausschließlich im Paludarium gepflegt werden. Für die meisten Arten gilt, daß sie zur Belebung des Landteils bzw. der epiphytischen Regionen zwar mehr oder minder gut geeignet sind, aufgrund ihrer Ansprüche und Lebensweise dagegen jedoch das empfindliche Gleichgewicht sehr schnell durcheinanderbringen können.

Auf den Wasserteil angewiesene Arten sind beispielsweise Wasser- und Kielskinke sowie der Wasseranolis. Der Kielskink *Tropidophorus brookei* lebt an den Gewässerrändern der tropischen Wälder und nutzt das Wasser zur Flucht wie auch zur Nahrungssuche. Die zwischen 15 und 30 cm großen Tiere suchen zum Teil sogar Krebse am Grunde des Gewässers, ernähren sich in der Regel von Insekten und Würmern. Der Wasserskink *Lygosoma* (= *Sphenomorphus*) *quoyi* aus Nordost-Australien nutzt die Gewässernähe ebenfalls bei seiner Flucht. Er schwimmt und taucht ausgezeichnet.

Das Paludarium muß allerdings vollkommen auf die Tiere abgestimmt werden, Vergesellschaftungen mit anderen Arten sind nicht anzuraten. Ebenso sind kräftige Pflanzen auszuwählen, da die Aktivität der Tiere sich nicht nur auf den direkten Uferbereich erstreckt; sie nutzen auch die über die Wasserfläche ragenden Kletteräste ausgiebig zum Sonnenbad.

Der etwa 35 cm große Wasseranolis *Anolis vermiculatus* von der Karibikinsel Haiti hat sich noch weiter in das Wasser gewagt, er bewohnt die Ufervegetation und das Unterholz an Flüssen und flüchtet sogar längere Zeit in das unter Wasser ragende Wurzelwerk. Bei seiner Größe sollte man anstelle kostbarer Bepflanzung „strapazierfähige" große Bromelien oder Philodendren verwenden.

Größere Arten wie die Wasseragamen *Physignathus* Ost- und Nordost-Australiens sowie Südost-Asiens und die zu den Leguanen zählenden Basilisken *Basiliscus* Südamerikas, die immerhin zwischen 70 und 100 cm Größe erreichen, haben auch eine recht große Bindung an das Wasser, sind für dichtbepflanzte Paludarien aufgrund der Größe jedoch sehr ungeeignet.

Echsen, deren Größe 30 cm übersteigt, sollten in der Regel – wenn überhaupt – in gezielt für sie eingerichteten Terrarien gepflegt werden. Zu nennen sind die Winkelkopf- und Leierkopfagamen, *Gonocephalus* und *Lyriocephalus,* Schönechsen *Calotes,* Warane *Varanus* und große Saumfinger *Anolis.*

Die Körpergröße schränkt die Zahl der für ein feuchttropisches Paludarium geeigneten Arten zwar ein, dennoch bieten sich genügend hochinteressante Tiere an, deren Lebensraum zwar der tropische Regenwald ist, die allerdings den Wasserteil des Paludariums nur selten nutzen. Grundsätzlich sollte man die Frage überdenken, ob für ihre Haltung überhaupt ein Paludarium notwendig ist und nicht ein Regenwald-Terrarium bessere Dienste leisten könnte.

Beginnen wir mit den Geckos Mittel- und Südamerikas, hier finden wir 3 Gattungen: *Thecadactylus, Gonatodes* und *Sphaerodactylus* (Kugelfingergeckos). *Thecadactylus rapicauda* aus Mittelamerika und dem nördlichen Südamerika wird bis 20 cm groß. Der nachtaktive Gecko bewohnt die Bäume tropischer Wälder; er ist dort hervorragend getarnt, seine bräunliche Färbung läßt ihn selbst aus kurzer Entfernung nur schwer sichtbar werden. Diese kräftige Gecko-Art macht derbe Bepflanzung erforderlich.

Ganz anders dagegen die um 10 cm „großen" Kleingeckos der Gattung *Gonatodes* und maximal 5 bis 8 cm messenden Kugelfingergeckos *Sphaerodactylus.* Selbst auf sehr zierlichen Pflanzen können sie keinen Schaden anrichten, und wohl kaum eine Tiergattung vermag wie sie ohne Folgen auf Blütenrispen von Orchideen herumzuturnen. Für alle Paludarienbesitzer, die ihren Schwerpunkt auf die Pflege von Orchideen, Tillandsien und Farnen gelegt haben,

Abb. 56: Der wohl am einfachsten nachzüchtbare Taggecko ist die Goldstaub-Phelsume *Phelsuma laticauda,* der auch feuchtere Luft zusagt.

Abb. 57: Der nachtaktive Faltengecko *Ptychozoon lionotum* zählt zu den wohl bizarrsten tropischen Echsenarten.

sind sie die zum Pflanzenbesatz richtigen Tierergänzungen. Probleme dürfte allerdings die oft nur sehr unzureichende Abdichtung von Schiebescheiben und Abdeckung aufwerfen, denn verständlicherweise nutzen diese Geckos selbst kleinste Ritzen zur Flucht. Als Nahrung nehmen sie gern Fruchtfleisch (siehe auch Abschnitt „Färberfrösche"), kleinste Wachsmaden und Heimchen.

Die wärmende Nähe der Leuchtstofflampen wird zum „Sonnenbaden" gern aufgesucht. Leider bleiben die Tiere oft sehr scheu, so daß man sich nur vorsichtig dem Paludarium nähern darf, um sie nicht sofort zu verscheuchen. Ausgesprochene Bodenbewohner, welche die relativ trockenen Sandstrände der Meeresküsten Südamerikas besiedeln, sollten keinesfalls im feuchten Paludarium gepflegt werden, sie würden schon nach kurzer Zeit eingehen.

Von den in den Regenwäldern Mittel- und Südamerikas weitverbreiteten Leguanen ist für das Paludarium eine Gattung besonders geeignet: die kleineren Saumfinger-Arten *Anolis*. Der schon zuvor genannte Wasseranolis ist eine hochspezialisierte Art, jedoch ist ein großer Teil der Gattung recht flexibel und in unterschiedlichen Biotopen zu finden. Am bekanntesten ist der 22 cm große Rotkehlanolis *Anolis carolinensis* aus dem Südosten der USA und den Bahamas, der selbst Kulturlandschaften wie Parkanlagen und Obstplantagen besiedelt. Sein liebenswertes Wesen wird durch die anmutigen Bewegungen und artistische Sprünge noch unterstützt. Das geringe Gewicht des nur etwa ⅓ der Gesamtlänge ausmachenden Körpers stellt kaum eine Gefährdung für die Bepflanzung dar; sehr zarte Farne und Orchideen sollten trotzdem nur an geschützten Plätzen gepflegt werden.

Alle Anolis sind schnelle Insektenjäger, die erst bei Fluginsektennahrung richtig ihr Temperament zeigen. Das rasche Farbwechselvermögen, beim Rotkehlanolis z. B. von der leuchtend grünen Ruhefärbung zum Schokoladenbraun in Erregung, ist bei vielen Arten ausgeprägt, oft in den herrlichsten Farbgebungen (*Anolis marmoratus* von Martinique beispielsweise hat einen leuchtendroten Kopf). Die Fülle von etwa 200 Arten macht diese Gattung fast schon unübersehbar; charakteristisch ist die spreizbare Kehlhaut des Männchens, mit der er weithin sichtbar wie mit einer Signalflagge benachbarten Männchen sein Territorium anzeigt. Deshalb sollte der Pfleger sich an diese revierbildende Lebensweise halten und nicht mehrere Männchen gemeinsam pflegen, da es selbst in großen Paludarien zu ernsthaften Prügeleien mit möglicherweise tödlichem Ausgang kommen kann, weil dem unterlegenen Männchen die Gelegenheit zur Flucht fehlt. Man kann Anolis mit anderen Echsenarten vergesellschaften, sollte aber nicht zu hohe Größenunterschiede zulassen.

Drei südamerikanische Leguangattungen werden 30 bis 35 cm groß und sind bedeutend kräftiger gebaut als die meist leichtfüßigen Anolis und somit für das mit zierlichen Pflanzen ausgestattete Paludarium weniger geeignet. Diese Baumbewohner benötigen entsprechend kräftige Bepflanzungen, etwa in Form größerer Bromelien: die Dickkopfanolis *Enyalius,* Helmleguane *Corytophanes* und Buntleguane *Polychrus.* Besonders Buntleguane und Dickkopfanolis sind langsame Vertreter ihrer Familie und erinnern in ihrer Bewegungsweise an Chamäleons. Ihre Extremitäten sind zu regelrechten Greiforganen umgebildet, so daß die Tiere ideal an das Leben im Geäst angepaßt sind. Die weitaus lebhafteren Helmleguane können durch ihr — wenn auch seltenes — ungestümes Verhalten unsere Bepflanzungsbemühungen vereiteln, deshalb gilt besonders für sie der Rat zu einer kräftigen Bepflanzung. Die Männchen können in Erregung einen hohen Nackenkamm (Helm) aufstellen und damit ihren „Gefühlen" Nachdruck verleihen. Die Ausbildung derartiger „Signalorgane" bei Leguanen ist sehr häufig ein Kennzeichen für die Unverträglichkeit der Männchen untereinander, was in jedem Fall zur Konsequenz der Paar- statt Gruppenhaltung führen sollte.

Aus den Tropen Afrikas und Madagaskars sind nur wenige Echsenarten für eine Paludarienhaltung geeignet, darunter aber die wohl buntesten und ansprechendsten Kleinreptilien, die wir in unseren Vivarien halten, die madagassischen Taggeckos *Phelsuma,* die seit vielen Jahren einen großen Freundeskreis haben. Viele der Afrika vorgelagerten Inseln im Indischen Ozean sind die Heimat der oft nur 12 cm großen, lebhaft grün gefärbten Echsen mit ansprechenden roten, gelben oder blauen Mustern. Größere Arten wie der Madagassische Taggecko *Phelsuma madagascariensis* werden bis zu 35 cm lang. Alle Arten der Gattung *Phelsuma* stehen allerdings aufgrund ihrer gefährdeten Bestandssituation seit 1976 auf der Liste des Washingtoner Artenschutzübereinkommens (WA), Anhang II, und dürfen demnach nur kontrolliert gehandelt werden. Da aber eine Zucht aller Arten möglich ist, sollte es nicht notwendig

Abb. 58: Kleinere Agamen wie *Acanthosaura armata* sind gut mit gleichgroßen Arten zu vergesellschaften.

Abb. 59: Die kleine Taubagame *Otocryptis wiegmanni* schadet selbst kleineren Pflanzen nicht.

sein, Tiere weiterhin aus der Natur zu entnehmen, sondern man kann statt dessen auf gezüchtete Tiere zurückgreifen.

Von den kleineren Arten sind für das Paludarium besonders der Blauschwanz-Taggecko *Phelsuma cepediana* und Goldstaub-Taggecko *P. laticauda* zu nennen, da ihnen das relativ feuchte Paludarienklima mehr zusagt als den anderen, eher trockenheitsliebenden Arten. Bei den großen Arten treten durch das hohe Gewicht Probleme bei der geeigneten Bepflanzung auf; fast alle Taggeckos bewegen sich bevorzugt an senkrechten, glatten Flächen und weniger als andere Echsen auf Ästen oder an der Korkrückwand. Sie besitzen dazu wie viele andere Geckoarten Haftlamellen an den Zehenkuppen, die es ihnen gestatten, auch an senkrechten Glasflächen entlangzulaufen.

Auch bei diesen sehr hübschen Tieren sollte man nicht mehrere Männchen gemeinsam halten – selbst die Weibchen bilden unter-

einander eine Rangordnung aus, bei der die untergeordneten Tiere des öfteren Bißstellen davontragen.

Eine weitere Gecko-Art Madagaskars ist der in den Feuchtwäldern der Insel beheimatete Plattschwanzgecko *Uroplatus fimbriatus*. Der nachtaktive, ca. 22 cm große Gecko lebt an Baumstämmen, an die er durch seine braune Rindenfärbung hervorragend angepaßt ist. Die Bewegungen sind sehr langsam und behäbig, so daß er kaum Schäden an der Bepflanzung anrichten wird. Allerdings bekommt man ihn kaum zu sehen, da er an versteckten Plätzen den Großteil des Tages verschläft. In einem Terrarium wird man weitaus bessere Beobachtungsmöglichkeiten haben als im sehr unübersichtlichen Paludarium.

Als ausgesprochene Bodenbewohner sind Buntskinke *Riopa fernandi* zu nennen, die um 35 cm groß werden und nur in einem auf sie abgestimmten Vivarium untergebracht werden sollten. Diese tagaktiven typischen Regenwaldbewohner leben allerdings mehr im Boden vergraben als für uns sichtbar. Ebenfalls verborgen lebend ist die nur bis 15 cm große Sägeschwanz-Eidechse *Holaspis guentheri,* die sich gern unter der losen Rinde abgestorbener Bäume aufhält. Besonders attraktiv ist ihre Farbe: Die Oberseite ist schwarz-gelbgrün gestreift, der Schwanz blau und die Unterseite orange. Diese Art kann, wenn man ihr ausreichend kleines Insektenfutter anbieten kann, in ein Paludarium hervorragend eingegliedert werden. Die zentralafrikanischen Tiere werden allerdings nur sehr selten im Handel angeboten.

Abschließend zu den afrikanischen Tropenbewohnern sollen noch die Chamäleons erwähnt werden, allerdings mit dem ausdrücklichen Hinweis auf Verzicht der Haltung. Die oft sehr empfindlichen Arten sind zu sensibel und gegen Krankheiten anfällig, als daß man sie im Terrarium oder Paludarium längere Zeit erfolgreich pflegen, geschweige denn nachzüchten kann. Hinweise zur Haltung sollten zugunsten der oft gefährdeten *Chamaeleo*-Arten zukünftig auch in anderen Büchern unterbleiben, um das „Verheizen" einer solch hochspezialisierten und anspruchsvollen Tiergruppe nicht zu unterstützen. Der Appell sollte von allen einigermaßen schutzbewußten Lesern ernst genommen werden.

Sehr interessante und ausgefallene Gestalten kennen wir aus den Tropen Südostasiens und Australiens. In den ostaustralischen Feuchtwäldern lebt der Blattschwanzgecko *Phyllurus cornutus,* der wie die nachfolgende Art perfekt an das Leben auf Baumstämmen angepaßt ist. Die bizarre Struktur des bis 25 cm großen Geckos tarnt ihn sehr gut, viele kleine Dornen und der unregelmäßige Körperumriß lösen die Konturen auf der rauhborkigen Rinde vollständig auf. Aufgrund seiner nächtlichen Aktivitäten ist er aber nicht unbedingt zu empfehlen, da man von den meisten nachtaktiven Arten recht wenig zu sehen bekommt. Das trifft auch für die in Südostasien und Hinterindien lebenden Faltengeckos *Ptychozoon* zu. Mit 15 bis 20 cm Größe sind sie gut auch in dicht und feingliedrig bepflanzten Paludarien zu pflegen, sie betreten kaum Pflanzen, die ihr Gewicht nicht aushalten. Bevorzugt bewegen sie sich auf rindenartigem Untergrund wie Korkstücken oder rauhborkigen Ästen. Wie der Name schon andeutet, ist ihr Körper von breiten Hautsäumen umgeben; dadurch und durch seine bräunliche rindenartige Färbung ist der Faltengecko ein ideales Beispiel für Tarnung.

Aus Südostasien und Ceylon sind eine Anzahl von kleineren Agamen-Arten bekannt, die sich hervorragend für das Paludarium eignen. Oft sind es sehr zart gebaute Tiere mit einem mehr als $2/3$ der Körperlänge einnehmenden Schwanz. Ich möchte diese Arten als Gruppe behandeln, da sie sich in ihren Ansprüchen gleichen: die Nackenstachler *Acanthosaura,* 25 bis 30 cm; Hornagamen *Ceratophora,* 10 bis 20 cm; Taubagamen *Cophotis,* 15 cm; Wiegmann-Agamen *Otocryptis wiegmanni,* 24 cm; Bergagamen *Japalura,* 15 bis 40 cm. Größtenteils sind es relativ ruhige Tiere, die oft ausdauernd an versteckten schattigen Plätzen auf Insekten warten. Besonders ihre geringe Größe ist anderen Arten gegenüber für die Haltung ein unschätzbarer Vorteil, wenn man Wert auf ansprechende Bepflanzung legt. In das Paludarium sollten besonders für die kleinen Agamen mehrere starke Äste eingeplant werden, auf und an denen sie herumklettern können. Man sollte allerdings nicht die kleinen Agamen mit anderen größeren Arten zusammenhalten, da sie sich gegenseitig stark unterdrücken könnten. Besonders die rauhschuppige und zierliche Taubagame *Cophotis* sollte wegen ihres sehr bedächtigen Temperamentes nicht mit anderen Arten vergesellschaftet werden.

Die mit Stacheln geschmückten verschiedenen Nackenstachler-Arten *Acanthosaura* werden zwar etwas größer, sind aber nur wenig streitsüchtig und ebenfalls ziemlich ruhig. Ganz anders dagegen die Schönechsen *Calotes,* die zwischen 30 und 45 cm groß werden. Sie sind zum Teil sehr ungestüm, erst nach einigen Monaten legen sie ihre Scheu ab. Einige Arten können ihre Farbe ähnlich wie Chamäleons wechseln und nehmen in Erregung weithin sichtbare Signalfarben an: Rot, Blau und Grün sind die bei ihnen dominierenden Erregungsfarben, ansonsten sind die meisten in Ruhe braun oder grün gefärbt. Den Namen Blutsauger-Agame *Calotes versicolor* trägt diese Art zu Recht, da sie am Kopf rot anläuft und kaum im Vergleich zur Ruhefärbung wiederzuerkennen ist. Viele Schönechsen-Arten ernähren sich auch von kleineren Echsen, dies sollte man bei der Haltung unbedingt berücksichtigen. Selbst junge Mäuse sind eine willkommene Ergänzung für größere Tiere. Auf keinen Fall sollte mehr als ein Pärchen gepflegt werden, da sie wie auch Anolis ein ausgeprägtes Revierverhalten besitzen und schwächere Tiere unterdrücken würden.

8.6 Schlangen

Wer sich vorgenommen hat, Schlangen im Paludarium zu pflegen – diese Gruppe wird in jedem Fall die Minderheit unter den gehaltenen Reptilien darstellen –, muß einige Punkte beachten, die bei der Haltung anderer Tiere im Regelfall vernachlässigt bleiben können. Aufgrund ihrer Endstellung in der Nahrungskette sind viele Schlangen auf höher entwickelte Beutetiere angewiesen, auch die feuchttropisch lebenden Arten ernähren sich im günstigsten Fall von Fischen, in der Regel aber von Vögeln, Kleinsäugern, Fröschen, Echsen oder sogar kleineren Schlangen. Dies hat zum einen für uns die Konsequenz, daß wir fast alle in Frage kommenden Arten höchstens paarweise oder sogar einzeln halten müssen, um nicht die anderen Paludarienbewohner zu gefährden. Zum anderen stellen die Nahrungsansprüche uns vor das Problem, wie wir über einen längeren Zeitraum die Schlangen mit ausreichender Nahrung versorgen können – oftmals muß die Forderung erhoben werden, gerade wegen dieser Nahrungsgewohnheiten entsprechende Schlangenarten erst gar nicht zu pflegen.

Jeder Tierhalter sollte mindestens so viel Naturschützer sein, daß er zugunsten der Beutetiere auf eine Haltung der frosch- und echsenfressenden Schlangen verzichtet. Die makabren Angebote zahlreicher „Zoofachgeschäfte", Futterechsen und -frösche für ein paar Mark zu verkaufen, ist oftmals mehr als nur ein Verstoß gegen das Natur- und Tierschutzgesetz. Aber diese Frage sollte für den ernst-

Abb. 60: Viel Platz brauchen alle Schönechsen; alte *Calotes mystaceus* sind mächtige Tiere, auf die die Bepflanzung abgestimmt sein muß.

Abb. 61: Die grüne Grasnatter *Opheodrys aestivus* bietet sich für ein epiphytenreiches Paludarium oder Regenwald-Terrarium ideal an.

haften Paludarianer und Terrarianer gar nicht ins Blickfeld rücken, und man muß einfach so konsequent sein, daß Arten, die nicht auf gut nachzüchtbare Tiere wie Mäuse umzustellen sind, eben aus unseren Vivarien fernbleiben müssen.

Die Haltung von Schlangen im Paludarium ist keine so einfache Sache, daß sie von unerfahrenen Anfängern bewältigt werden kann. Die Instandhaltung des Paludariums, besonders der Bepflanzung allein erfordert schon so viel Einfühlungsvermögen und Erfahrungen, daß die Erfüllung der Ansprüche von Schlangen im Paludarium sich als überaus schwierig erweist.

Gerade aber die mühevolle Arbeit der Bepflanzung können Baumschlangen zunichte machen, wenn sie regelmäßig Bromelientrichter als Toiletten mißbrauchen. Schon nach wenigen Tagen können diese hochkonzentrierten organischen Rückstände eine Pflanze umbringen. Deshalb ist das Wichtigste für das Gedeihen unserer Pflanzen die regelmäßige tägliche Kontrolle von Bromelien und natürlich auch der anderen Pflanzen nach Kot und Futterresten, die dann restlos entfernt werden müssen – auch der Hygiene wegen ist dies anzuraten, abgesehen von den häßlichen Flecken auf Blättern und Ästen.

Oft sind die klimatischen Bedingungen für die empfindlichen Schlangen der Regen- und Bergregenwälder im „normalen Terrarium" nur unter erheblichen Schwierigkeiten zu erreichen – besonders Zugluft oder nächtliche Abkühlung bei gleichzeitiger hoher Luftfeuchtigkeit können den Schlangen innerhalb kürzester Zeit eine Lungenentzündung einbringen. Es muß deshalb eine Voraussetzung sein, daß der Halter tropischer Schlangen schon längere Zeit Erfahrungen bei ihrer Pflege sammeln konnte, andererseits muß er aber auch die klimatischen Bedingungen in einem Paludarium so steuern können, daß sowohl für die Pflanzen als auch für die Schlangen eine optimale Haltung ermöglicht wird.

Mindestens 2 Schlangengattungen sind zu nennen, die sich für ein Paludarium nahezu ideal anbieten, weil sie geringe Wärmeansprüche stellen und im Gegensatz zu den warm zu haltenden feuchttropischen Arten wesentlich weniger anfällig gegenüber Krankheiten und Parasiten sind: Es sind die nordamerikanische Strumpfbandnatter *Thamnophis* und die Wassernattern der Gattung *Natrix*. Die Weibchen der Strumpfbandnattern werden bis 130 cm lang und relativ dick. Ähnlich wie unsere einheimische Ringelnatter besiedeln sie die Gewässerränder der Flüsse und Teiche. Die oft farbig längsgestreiften Tiere bewegen sich am Boden ebenso wie in Büschen, was bei der Paludariengestaltung berücksichtigt werden müßte. Ein größerer Landteil sollte ihnen als Bewegungsfläche ebenso zur Verfügung stehen wie Kletteräste, die besonders über dem Wasserteil gern aufgesucht werden. Von dort aus können sie Jagd auf Fische machen, eingewöhnte Tiere nehmen aber auch Regenwürmer oder Fleisch- und Fischstreifen von der Pinzette an. Da sich ihre Verbreitung in den warmgemäßigten Zonen bis nach Nordamerika erstreckt, haben sie entsprechend weitgefächerte Ansprüche und dringen zum Teil sogar als Kulturfolger bis in die Parks und Städte vor. Das soll allerdings nicht ihre Eignung für die Vivarienhaltung schmälern.

Im südlichen Nordamerika kommen die Gebänderte Wassernatter *Natrix fasciata* und die Siegel-Ringelnatter *N. sipedon* vor, die wie ihre südostasiatische Verwandtschaft, die Gelbband-Wassernatter *N. stolata,* in etwa die gleichen Ansprüche an ihre Umgebung, die Flußufer und die Ränder von Gewässern und Sümpfen stellen. Sie nehmen die gleiche Nahrung wie die Strumpfbandnatter. Ihre geringe Größe von 50 bis 70 cm sowie ihr ausgesprochen lebhaftes Wesen macht die Gelbband-Wassernatter zu einer ausgesprochen paludarienfreundlichen Schlangenart. Allerdings sind sie trotz ihrer geringen Größe geschickte Frosch- und Echsenjäger, da gerade diese Tiere in ihr natürliches Beutespektrum gehören.

Weitere Probleme bringen Giftschlangen mit sich; zu den Grubenottern zählen interessante tropische Baumschlangen wie Bambus- und Lanzenottern, *Trimeresurus* und *Bothrops,* zu den Vipern die Buschviper *Atheris.* Ihre Gifte sind recht stark und können auch bei gesunden Menschen ernsthafte Schäden hervorrufen. Da die Giftschlangenhaltung ohnehin eine umstrittene Angelegenheit ist, soll sie hier ausgeklammert werden, zumal Halter dieser Schlangen mehr an Informationen über ihre Pfleglinge benötigen, als sie bei der Pflege ungiftiger Arten nötig sind. Lediglich die asiatischen Bambusottern *Trimeresurus* sind von ihrem Gift her relativ ungefährlich, aber gerade diese Auffassung hat schon oft zu Unfällen geführt.

Die zu den Trugnattern zählenden Dünnschlangen *Leptophis* und Spitznattern *Oxybelis* aus Mittel- und Südamerika sowie die Schmuckbaumschlangen *Chrysopelea* und Baumschnüffler *Ahae-*

tulla aus Südostasien besitzen zwar ebenfalls Giftzähne, sie sitzen aber so weit hinten im Maul, daß sie für den Menschen kaum gefährlich werden. Ihre Haltung ist an sich nur in einem bepflanzten Paludarium oder Regenwaldterrarium mit Wasserbecken möglich; leider sind die Hauptbeutetiere Frösche oder Echsen, und damit fallen diese Arten in der Regel für eine im Sinne des Artenschutzes vertretbare Haltung fort. Zum Teil sind zwar einzelne Tiere auf Mäuse oder Vögel umgestellt worden, jedoch sollten aus Einzelfällen keine Verallgemeinerungen abgeleitet werden.

Die Fliegende Schlange oder Schmuckbaumnatter *Chrysopelea ornata* kann noch relativ einfach auf Mäuse umgewöhnt werden, was die Haltung dieser sehr hübschen Baumschlange erleichtert. Da sie im Gegensatz zu anderen Arten tagsüber sehr lebhaft ist, bietet sie sich für unsere Zwecke noch am ehesten an.

Weitere Frosch- und Echsenfresser sind die Grünen Buschschlangen *Philothamnus* aus Afrika mit etwa 80 bis 130 cm Körperlänge und Bronzenattern *Dendrelaphis* aus Südostasien, die etwas kleiner bleiben. An sich würden sie sich als ungiftige Schlangen gut eignen, leider fällt bei ihnen aber eine Umgewöhnung auf einfach beschaffbares Futter recht schwer.

Die Zahl der geeigneten Arten schrumpft nach Aussondern der wegen ihrer Nahrungsansprüche untragbaren Frosch- und Echsenfresser zusammen. Vom süd- und mittelamerikanischen Kontinent bleibt noch für ein trockener gehaltenes Paludarium die insektenfressende Grasnatter *Opheodrys aestivus,* deren hübsche grüngefärbte schlanke Erscheinung sich in das Bild eines dicht bepflanzten Vivariums harmonisch einfügt. Man könnte vor der Größe von 110 cm erschrecken, jedoch sind die meisten Baumschlangen oft nur bleistiftdick und deshalb sehr leicht. Im Gegensatz zu ihrer Verwandtschaft lebt die Grasnatter weitaus mehr im Geäst von Sträuchern und bevorzugt zudem die Nähe von Gewässern. Trotzdem mag sie zu hohe Luftfeuchtigkeit nicht sonderlich, wenn sie auch eine Badegelegenheit, in unserem Fall den ausgedehnten Wasserteil, ausnutzt.

Zwei ausgesprochene Nahrungsspezialisten sind die Schneckennattern *Dipsas* und *Sibon,* beide um 80 bis 90 cm groß. Sie sind ausgesprochene Regenwaldbewohner, die ein dichtbepflanztes Paludarium ideal als Lebensraum annehmen. Diese hochinteressanten Pfleglinge können uns auch im Paludarium Aufschluß über

Abb. 62: Laubnattern *Elaphe oxycephala* sind zwar sehr schöne, leider auch anfällige Pfleglinge.

Abb. 63: Der Hundskopfschlinger *Corallus caninus* ist für ein normales Paludarium zu groß, richtet durch sein ruhiges Verhalten jedoch kaum Schäden an Pflanzen an.

die komplizierten Lebensgemeinschaften der Regenwälder geben. *Dipsas* ist jedoch dämmerungs- und nachtaktiv, was sich an ihren übergroßen Augen erkennen läßt. Aus Südostasien und Hinterindien stammt eine weitere ähnliche Art, die Schneckennatter *Pareas,* die ausschließlich nächtliche Jagd nach Gehäuseschnecken macht. Ihre Kopfform weicht von einem „normalen" Schlangenkopf deutlich ab, da sie sich ganz an die komplizierte Technik des Fanges und der Herauslösung von Gehäuseschnecken spezialisiert hat.

Recht groß und kräftig ist die 100 bis 200 cm lange Rotschwanznatter *Elaphe oxycephala,* früher *Gonyosoma oxycephala.* Sie jagt besonders auch Kleinsäuger und Vögel und ist zumindest von ihrer Ernährung her unproblematisch. Leider wirkt sich ihre Größe auf die Bepflanzung sehr negativ aus, nur kräftige und rubuste Pflanzenarten werden längere Zeit überleben.

Heikel und sehr teuer ist der Grüne Hundskopfschlinger *Corallus caninus,* dessen Größe von 200 bis 300 cm die für ein Paludarium vorstellbaren Verhältnisse übersteigt. Diese nachtaktive vogeljagende Art ist allerdings so ruhig, daß man ihr lediglich einen dicken Ast in der Mitte des Paludariums pflanzenfrei halten sollte; die Umgebung seitlich dieser Stelle kann dicht mit Bromelien bepflanzt werden, da der Hundskopfschlinger kaum außerhalb seines Hängeplatzes Schaden anrichtet. Eine Pflege ist deshalb generell möglich, was die Erfahrungen von Haltern dieser Art belegen.

Leider sind Nachzuchten des Hundskopfschlingers kaum zu erhalten, und die geschwächten Wildfänge sind wie so oft bei Schlangen mit inneren Parasiten verseucht. Sie haben kaum eine größere Überlebenschance in Gefangenschaft, zumal der Transport ihre Verfassung meist erheblich beeinträchtigt. Der grüne Hundskopfschlinger ist ein typisches Beispiel für den Unsinn des Imports hochempfindlicher tropischer Tiere, die sofort auf Störungen reagieren und nur zu einem verschwindend kleinen Anteil bei uns Überlebenschancen haben – trotzdem aber immer wieder gut zahlende Abnehmer, sogenannte Tierfreunde, finden.

9. Verzeichnis der Botanischen Gärten mit feuchttropischen Gewächshäusern

Botanischer Garten der RWTH Aachen, Malatenerstr. 30, 460-m^2-Glashaus (GH).

Botanischer Lehr- und Schaugarten der Stadt Augsburg, Parkstr. 15a, 650-m^2-GH.

Botanischer Garten Berlin-Dahlem, Königin-Luise-Str. 6–8, Unter den Eichen 5–10.

Botanischer Garten der Ruhr-Universität Bochum, 2 000-m^2-GH.

Botanischer Garten der Rheinischen Friedrich-Wilhelms-Universität Bonn, Meckenheimer Allee 171, 0,3 ha Gewächshäuser.

Botanischer Garten der TH Braunschweig, Humboldtstr. 1, 524-m^2-GH.

Botanischer Garten der TH Darmstadt, Schnittspahnstr. 5, 1250-m^2-GH.

Botanischer Garten der Stadt Dortmund, Romberg-Park, 1100-m^2-GH.

Botanischer Garten Duisburg, Fürst-Pückler-Str., 1652-m^2-GH.

Botanischer Garten der Universität Erlangen–Nürnberg in Erlangen, Loschstr. 3, 1700-m^2-GH.

Botanischer Garten der Stadt Essen, Külshammerweg 32 (Gruga-Park), 2 000-m^2-GH.

Palmengarten der Stadt Frankfurt am Main, Siesmayerstr. 61, 7 500-m^2-GH, Orchideen 5 000 Arten, Bromelien 800 Arten.

Botanischer Garten der Universität Freiburg i. Br., Schänzlestr. 1, 1360-m^2-GH.

Botanischer Garten der Universität Göttingen, Untere Karspüle 1, 2 500-m^2-GH.

Neuer Botanischer Garten der Universität Göttingen, Griesebachstr. 1a. Wichtigste Pflanzengesellschaften der Erde.

Botanischer Garten der Universität Hamburg, Hesten 10, Hamburg 52.

Neuer Botanischer Garten, Hamburg-Flottbek.

Herrenhäuser Gärten, Herrenhäuser Str. 4, Hannover-Herrenhausen, 1100-m^2-GH.

Botanischer Garten der Universität Heidelberg, Im Neuenheimer Feld 340, 4 000-m^2-GH.

Botanischer Garten der Universität (TH) Karlsruhe, Fasanengraben 2.

Botanischer Garten der Stadt Köln, Köln 60 (Riehl), Am Botanischen Garten,1968-m^2-GH.

Botanischer Garten der Johannes-Gutenberg-Universität Mainz, Saarstr. 21, 1500-m^2-GH.

Botanischer Garten der Universität Marburg (Phillips-Universität), Auf den Lahnbergen,1500-m^2-GH.

Botanischer Garten München-Nymphenburg, Menzinger Str. 65, 8 000-m^2-GH, Schauhäuser 5 000 m^2.

Botanischer Garten der Universität Münster, Schloßgarten 3, 1 600-m^2-GH.

Botanischer Garten Oldenburg, Philosophenweg 41.

Zoologisch-Botanischer Garten Wilhelma, Stuttgart-Bad Cannstatt, 6 000-m^2-GH.

Botanischer Garten der Universität Hohenheim, Stuttgart 70, Garbenstr., 950-m^2-GH.

Botanischer Garten der Universität Tübingen, Rümelinstr. 32, 2 000-m^2-GH.

Botanischer Garten der Julius-Maximilian-Universität Würzburg, Mittlerer Dallenbergweg 64, 2 400-m^2-GH.

Botanischer Garten der Stadt Wuppertal, Elisenhöhe 5, Wuppertal 1, 700-m^2-GH.

10. Verzeichnis der für Paludarianer interessanten Verbände

DGHT: Deutsche Gesellschaft für Herpetologie und Terrarienkunde e.V., Zoologisches Forschungsinstitut und Museum Alexander-König, Adenauerallee 150–164, 5300 Bonn 1.

DBG: Deutsche Bromelien-Gesellschaft, Siesmayerstr. 61, 6000 Frankfurt 1.

VDA: Verband Deutscher Aquarianer.

DOG: Deutsche Orchideen-Gesellschaft, Siesmayerstr. 61, 6000 Frankfurt 1.

11. Literatur

A. Allgemeine Werke, Grundlagen über die Feuchttropen

AYENSU, E. S. (Hrsg.): Der Dschungel – die letzten tropischen Urwälder der Erde. Christian: München 1981.

DEBENHAM, F.: The Great Reader's Digest World Atlas. The Reader's Digest Association Limited: London ²1968, 4. Revision 1974.

DOLDER, W.: Tropische Welt – Flora und Fauna. Kümmerly und Frey, Geographischer Verlag: Bern.

GEORGE, U: Regenwald – Vorstoß in das tropische Universum. Gruner und Jahr: Hamburg.

HOPP, W.: Wunderwelt der Tropen. Safari: Berlin 1951.

MERTENS, R.: Die Tierwelt des tropischen Regenwaldes. Kramer: Frankfurt 1948.

B. Geographische Literatur

BATES, M.: Südamerika – Flora und Fauna. Time-Life International: 1965.

CARR, A.: Afrika – Flora und Fauna. Time Life: 1965.
— Die Everglades von Florida. Time Life: 1975.

MACKAY, R.: Neuguinea. Time Life: 1976.

MACKINNON, J.: Borneo. Time Life: 1975.

MOSER, D.: Die Dschungel Mittelamerikas. Time Life: 1976.

STERLING, T.: Der Amazonas. Time Life: 1973.

RIPLEY, S. D.: Tropisches Asien – Flora und Fauna. Time Life: 1966.

C. Pflanzen

BARTHLOTT, W.: Kakteen. Belser-Verlag: Stuttgart 1977.

BRÜNNER, G.: Terrarienpflanzen, richtig gepflegt. Kosmos: Stuttgart 1981.

DAVIDSON, W.: Blattpflanzen von A–Z. Kosmos: Stuttgart 1983.

GUGENHAN, E.: Bromelien. Kosmos: Stuttgart 1983.

HOLM, H.: Zimmerpflanzen richtig pflegen. Neumann: Radebeul 1969.

LUCKE, E.: Orchideenkultur für alle, Lehrmeister-Bücherei Nr. 463. Philler: Minden.

PRATER, W. und E. WALDVOGEL: Orchideen für die Fensterbank. Kosmos: Stuttgart 1984.

RAUH, W.: Bromelien. Ulmer: Stuttgart ²1981.

REISIGL, H.: Blumenparadiese und Botanische Gärten der Erde. Pinguin: Innsbruck 1980.

RICHTER, W.: Blattpflanzen – vielgestaltig und bunt. Neumann-Neudamm: Melsungen 1977.

RICHTER, W.: Zimmerpflanzen von heute und morgen: Bromeliaceen. Neumann-Neudamm: Melsungen ⁴1978.

SCHNEIDER, F.: Die Pflanzen des Terrariums, Lehrmeister-Bücherei Nr. 960. Philler-Verlag: Minden.

D. Terraristik

BECHTLE, W.: Bunte Welt im Terrarium. Kosmos: Stuttgart 1971.

GRZIMEK, B. (Hrsg.): Grzimeks Tierleben, Bd. V: Fische 2 und Lurche. Kindler: Zürich 1973.

— Grzimeks Tierleben, Bd. VI: Kriechtiere. Kindler: Zürich 1973.

JAHN, J.: Kleine Terrarienkunde, Lehrmeister-Bücherei Nr. 66. Philler: Minden.

— Schildkröten, Lehrmeister-Bücherei Nr. 166. Philler-Verlag: Minden.

KAHL, B., P. GAUPP und G. SCHMIDT: Das Terrarium. Falken: Niedernhausen 1980.

KÄSTLE, W.: Echsen im Terrarium. Kosmos: Stuttgart ²1974.

KLINGELHÖFFER, W.: Terrarienkunde. 4 Bände. Kernen: Stuttgart ²1955–1959.

KRAUSE, H. J.: Hält die TRUE-LITE, was sich der Aquarianer von ihr verspricht? In: Das Aquarium, Heft 190, April 1985. Philler: Minden 1985.

LILGE, D. und H. VAN MEEUWEN: Grundlagen der Terrarienkunde. Landbuch: Hannover 1979.

NIETZKE, G.: Die Terrarientiere. 2 Bände. Ulmer: Stuttgart ²1977.

— Fortpflanzung und Zucht der Terrarientiere. Landbuch: Hannover 1984.

OBST, F. J., RICHTER, K. und U. JACOB: Lexikon der Terraristik und Herpetologie. Landbuch: Hannover 1984.

RIMPP, K.: Salamander und Molche. Ulmer: Stuttgart 1978.

SCHULTE, R.: Frösche und Kröten. Ulmer: Stuttgart 1980.

STETTLER, P. H.: Handbuch der Terrarienkunde. Kosmos: Stuttgart 1978.

TRUTNAU, L.: Schlangen im Terrarium, Bd. 1 Ungiftige Schlangen. Ulmer: Stuttgart 1979.

— Schlangen im Terrarium, Bd. 2 Giftschlangen. Ulmer: Stuttgart 1981.

VON FILEK, W.: Frösche im Aquarium. Kosmos: Stuttgart 1975.

ZIMMERMANN, H.: Tropische Frösche. Kosmos: Stuttgart 1978.

E. Aquaristik

KAHL, B.: Salmler im Aquarium. Kosmos: Stuttgart 1970.

KÜBLER, R.: Aquariengeräte – selbst gebaut. Kosmos: Stuttgart 1971.

MAYLAND, H. J.: Große Aquarienpraxis, Bd. 1: Tropische Aquarienfische. Landbuch: Hannover 1979.

— Große Aquarienpraxis, Bd. 2: Aquarium – Pflanzen – Fische. Landbuch: Hannover 1977.

— Einmaleins der Aquaristik. Landbuch: Hannover 1985.

PAFFRATH, K.: Bestimmung und Pflege von Aquarienpflanzen. Landbuch: Hannover ^{2}1979.

RICHTER, H. J.: Aquarienfische im Blickpunkt. Landbuch: Hannover 1984.

STEIN, K. H.: Basteln für Aquarienfreunde. Kosmos: Stuttgart ^{4}1975.

F. Paludarien

GRIEBEL, M.: Das Paludarium. Artikelserie in der herpetologischen Zeitschrift „Sauria", Heft 3–7, der DGHT-Stadtgruppe Berlin. Berlin 1985.

GRUNWALD, N. und P. KEMP: Das Paludarium. Artikelserie in der Zeitschrift „Das Aquarium" Nr. 175 (Januar 1984) – 184 (Oktober 1984), Philler-Verlag: Minden 1984.

G. Schutzbestimmungen

Bundesminister für Umwelt, Naturschutz und Reaktorsicherheit: Erstes Gesetz zur Änderung des Bundesnaturschutzgesetzes vom 10. 12. 86. Bundesgesetzblatt Nr. 66, S. 2349–2360, Bonn 1986.

Bundesminister für Umwelt, Naturschutz und Reaktorsicherheit: Verordnung zum Schutz wildlebender Tier- und Pflanzenarten (Bundesartenschutzverordnung) vom 19. 12. 86, Bundesgesetzblatt Nr. 70, S. 2705–2758, Bonn 1986.

Bundesamt für Ernährung, Landwirtschaft und Forsten: Übereinkommen über den internationalen Handel mit gefährdeten Arten freilebender Tiere und Pflanzen (Washingtoner Artenschutzübereinkommen, WA), Bundesgesetzblatt Nr. 14 (1981), Teil II, S. 221–252, Bonn 1981.

HOFFMANN, B.: Welches Tier ist das? Arbeitshilfe für die Durchführung des Washingtoner Artenschutzübereinkommens, Niedersächsisches Landesamt, Fachbehörde für Naturschutz, Hannover 1985.

12. Danksagung

Einige Paludarianer und Terrarianer haben durch ihre freundliche Unterstützung dieses Buch – besonders auch im Hinblick auf die Abbildungen – in dieser Form erst ermöglicht.

Mein besonderer Dank gilt N. Grunwald aus Wuppertal, dessen kritische Anregungen und Vorschläge ich hier einfließen lassen konnte. Sein Paludarium (siehe Titelbild) soll hier auch als beispielhafte Anlage gezeigt werden.

Bedanken möchte ich mich ebenfalls bei folgenden Personen, bei denen weitere Aufnahmen entstanden: W. Losch, Wuppertal; F. Möllmann, Wuppertal; K. Liebel, Herne; R. Stockey, Hohenlimburg; R. Zobel, Herne.

Register

Mit einem Stern (*) versehene Seitenangaben weisen auf eine Abbildung, mit einem Plus (+) auf eine Tabelle hin. Kursiv gedruckte Namen geben Art- und Gattungsnamen an.

Abfallstoffe 46
Abiotische Faktoren 29, 62*
Abkühlung, nächtliche 79
Acanthosaura armate 134*, 137f
Adiantum 95+, 100
Aechmea 86f
Aeschynanthus 99+, 102
Afrika 71, 104, 116, 120f, 122, 133f, 136
Afrixalus 122
Aga-Kröte 55
Agalychnis callidryas 111*, 120
Agame 130, 134*, 137f, 139*
Aglaonema 53, 99+, 102
Ahaetulla 141f
Allamanda 82+
Allergie 51
Alocasia 99+, 102
Amazonas 79
Amazonas (Pfl.) 70
Ambystoma 109*, 116
Ambystoma mexicanum 109*, 113f
Ammoniak 46
Anableps anableps 112f
Ananas 84
Ananas comosus 84
Ananasgewächse 75, 84ff
Ancistrus 110
Andamanen 71
Anden 90
Anolis 58, 126, 132
— carolinensis 123*, 132
— evermanni 123*, 132
— marmoratus 132
— vermiculatus 130
Anthurium
— bakeri 82+, 97f

— crystallinum 98
— scandens 98
— scherzerianum 61*, 98
Anubias nana 70+, 74
Aphyosemion 112
Aponogeton 72+, 74
Aquarienteil,
  technische Ausstattung
— Außenfilter 47
— Beleuchtung 67f
— Beschattung 17, 35, 51, 66
— Bodengrund 51
— Filter 40, 46ff
— Filter-Heiz-Kombination 40
— Heizmatte 39f, 50f
— Heizung 39f, 43
— Innenfilter 47
— Kabelheizer 40
— Lichteinfall 17
— Sand 51
— Stabheizer 41
— Wasserfilterung 40, 46ff, 62
Asien 71, 120
Asparagus 103+
Asplenium nidus 95+, 99+, 100, 103+, 104
Atelopus 124f
Atheris 141
Australien 71, 98ff, 120, 129, 130, 137f
Axolotl 109*, 113f
Azolla caroliniana 72+, 74

Bachlauf 93*
Bahamas 132
Bambusotter 141
Bananenfrosch 121
Barclaya, langblättrige 70+

151

Barclaya longifolia 70+
Basiliscus 130
Basilisk 130
Baumfarn 95+
Baumfreund 52, 54, 82+, 83, 97, 122
Baumschnüffler 141f
Baumsteigerfrosch 107*, 111*, 124ff
Begonie 76*, 82+
Beilbauchsalmler 110
Beleuchtung 32ff, 62
Bepflanzung 64ff
Bergagame 137
Bergpalme 82+
Bertolonie 82+
Beutelfrosch 114*
Billbergia 86
Biologische Klärstufe 53
Biologische Selbstreinigung 52f
Blattschwanzgecko 136f
Blattsteiger 124ff
Blechnum 95
Blutsaugeragame 137f, 139*
Bodendurchlüftung 53, 105
Bodenpflanze 82f+, 96ff, 99+, 103+
Bombina 10, 117
— maxima 117
— orientalis 106*, 117
Borneo 98ff
Botanischer Garten 66, 100, 145
Bothrops 141
Brackwasser 113
Brasilien 87
Bromelien 75, 76*, 84ff
— blatt-Trichter 86f, 108, 118, 140
— kindel 89
— Saugschuppen 86, 90f
Bronzenatter 142
Büschelfarn 72+, 74
Bufo 122f
— marinus 55, 124
— melanostictus 124
— typhonius 124

Bundesartenschutz-verordnung 10
Bundesnaturschutzgesetz 10
Buntleguan 133
Buntskink 136
Buntwurz 57*, 82+, 96, 122
Burma 71
Buschschlange, grüne 142
Buschviper 141

Caladium 57*, 82+, 96f, 122
Calathea 82+, 83
Calotes 130, 137f
— mystaceus 139*
— versicolor 138
Catopsis 84
Celebes 98ff
Ceratophora 137
Ceratophrys ornata 55, 122
Ceratophyllum submersum 70+, 74
Ceratopteris 48, 51, 70+, 74
Ceylon 137
Chamäleon 136
Chamaedorea 82+
Chamaeranthemum 82+
Chiromantis 120
Chrysopelea ornata 141f
Cissus discolor 82+, 99+, 100
Columnea 65*, 82+, 102
Colostethus 124
Cophotis ceylanica 135*, 137
Corallus caninus 143*, 144
Cordyline 82+, 99+, 103+
Corydoras 110
Corytophanes cristatus 127*, 133
Cryptanthus 77*, 86ff
— roseus 88
Cryptocoryne 48, 67, 70+, 73
Ctenanthe 82+
Cynops pyrrhogaster 116
Cyperus 103+, 105
— albostriatus 105
— alternifolius 105
— flabelliformis 105
Cyrtomium 95+

Dasia smaragdina 127*
Davallia 95+
Dendrelaphis 142
Dendrobates 10, 124f
— auratus 111*, 125
— azureus 124
— bassleri 124
— pumilio 107*, 125
— reticulatus 107*
— silverstonei 124
Dickkopfanolis 133
Dieffenbachia 82+
Dipsas 142f
Dracaena 103+
Dreimasterblume 83+
Drosophila 125
Dryopteris 95+
Düngung 87, 91, 102, 105
Dünnschlange 142
Dyscophus antongilli 123

Echinodorus 70+
Echsen 129ff
Echte Frösche 10
Efeutute 99+, 101
Eichhornia crassipes 67, 72+, 74
Eiweißstoffwechsel 46, 60
Elaphe oxycephala 143*, 144
Eleutherodactylus 126ff
— coqui 115*
Enyalius 133
Ediphyten 11*, 59, 61*, 69*, 76*, 77*, 82f+, 84ff, 89*, 94, 98ff, 99+, 103+
Epiphytenast 69*, 86, 88, 89*, 92, 94
Epiphyllum 94
Epipremnum aureum = Rhapidophora aurea 99+, 101
Episcia cupreata 49*, 82+
Erdbeerfrosch 107*, 125
Everglades 91, 118

Fahnenblatt 53, 56*, 83+, 97
Faltengecko 131*, 137
Färberfrosch 107*, 111*, 124ff
Farne 76+, 92, 94f, 100

Fäulnis 53, 55, 58, 60, 87, 92, 97, 105, 140
Fehlstromschutzschalter 30f
Feige 99+, 100
Fensterblatt 52, 54, 82+, 88, 94, 99+, 103+
Feuchtebedarf Pflanzen 78f, 82f+, 88, 94, 103 +
Feuchtsavanne 80*
Feuchtsubtropen 80*
Feuchttropen 80*
Feuerbauschmolch 116
Ficus 52, 99+, 100
— pumila 100f
Fische 110ff
Fittonia 82+, 83
Flamingoblume 61*, 82+, 97f
Flugfrosch 120
Fortpflanzungsbiologie 86f, 116, 117f, 120f, 125ff
Frauenhaarfarn 95+, 100
Froschlurche 116ff
—, tropische 58, 86f
Fruchtfliege 125

Gastrotheca 114*, 128
— marsupiata 114*, 128
— riobambae 114*
— ovifera 128
Gecko 58, 126, 128, 130ff, 131*
Gespensterfrosch 118
Gewässerrand 129, 130, 140f,
Geweihfarn 69*, 95+, 99+, 100, 103+, 104
Gift 51, 108, 124, 141
Giftige Substanzen 60, 62
Giftschlange 141f
Goldnarbe 83+
Gonatodes 130
Gonocephalus 130
Gonyosoma 143*, 144
Grabfrosch 55, 122
Grasnatter 139*
Greiffrosch 120
Grubenotter 141
Guzmania 86, 88
— musaica 88

153

Halbzähner 112
Hängepflanze 65*, 82f+, 99+
Harnsäure 46, 60
Harnstoff 46, 60
Hatiora 69*, 94
Hautgift 108, 118, 124f
Helmleguan 127*, 133
Hemigrammus 112
Hinterindien 98ff, 137, 144
Hitzetod 13
Holaspis guentheri 136
Hongkong 116
Hornagame 137
Hornfarn 48, 51, 70+, 74
Hornfrosch 122
Hornkraut 70+, 74
Hoya carnosa 99+, 101
Huminstoffe 50
Humussammler 104
Huminsäure 73
Hundskopfschlinger 143*, 144
Hygrophila 70+
Hyla 118
— *cinerea* 115*, 118
— *regilla* 118
— *versicolor* 118
Hylambates maculatus =
  Kassina m. 120
Hymenochirus 116f
Hyperolius 121
Hyphebrycon 112

Indien 70, 98ff
Indonesische Klimme 82+, 99+, 100

Jahresdurchschnittstemperatur Tropen 78
Japalura 137
Japan 71, 116
Java 70, 98ff
Javafarn 48, 70+, 73
Javamoos 48, 51, 67, 70+

Kakteen, epiphytische 92, 94
Kaktus,
— Blatt- 94
— Glieder- 94
— Keulenbinsen- 69*, 94
— Oster- 94
— Weihnachts- 94
Kalla 56*, 103+, 104
Kaloula pulchra 122
Kamm-Marante 82+
Kannenpflanze 99+, 100
Kanonierblume 82+, 99+
Karibik 71, 72, 79ff, 89*, 127
Karolina-Moosfarn 72+, 74
Kassina maculata =
  Hylambates m. 120
Kaulquappe 87, 120, 125ff
Keulenlilie 82+, 99+, 103+
Kielskink 129
Killifisch, afrikanischer 112
Kleinklima 75ff, 86
Kletterpflanze 82f+, 97, 99+, 100f, 103+
Kletterpothos 99+, 101
Klimabedingungen Tropen 75ff
Klimme 82+, 99+, 100
Kohlendioxid 62, 86
Kohlensäure 73
Kolbenfaden 99+, 102
Kolumnee 82+
Kondensation 28, 46, 78
Korbmarante 49*, 82+, 83
Kotreste 51, 87, 91, 94, 105, 129, 140
Krallenfrosch 107*, 116f
Krankheiten 140ff, 144
Kröten, echte 123f
Kugelfinger-Gecko 130f

Labyrinthfische 110f
Lagenandra 70+
Landpflanzen 74ff
Landschaftsbehörde 10
Lanzenotter 141
Lanzenrosette 86f
Laubfrosch 120
—, Farbwechselnder 118
—, Königs- 118
—, Korallenfinger 130

—, Nordamerikanischer 115*, 118
Laubnatter 143*
Lebensgemeinschaft 84, 86f, 99, 105, 125, 138
Leguan 58, 123*, 126, 127*, 132ff
Leierkopfagame 130
Leptodactylus 122
— ocellatus 122
— pentadactylus 122
Leptolpelis vermiculatus 119*, 120
Leptophis 141f
Lichtbedarf Pflanzen 35, 54, 82f+, 86ff, 96f, 99+, 103+, 104
Lichtbedarf Wasserpflanzen 17, 52, 67ff, 70+, 73ff
Limnophila 67, 70+, 74
Litoria 120
— caerulea 120
— infrafrenata 120
Ludwigia 71+
Luftfeuchtebedarf Pflanzen 82f+, 99+, 103+
Luftfeuchtigkeit 25, 28, 40, 43, 78f, 82f+, 99+
Lufttemperatur 40, 75
Lygosoma quoyi = Sphenomorphus quoyi 129
Lyriocephalus scutatus 130

Madagaskar 72, 103ff, 123, 133ff
Malaiische Halbinsel 70
Makifrosch 121
Maranta 79, 82+, 83
— leuconeura 49*
Martinique 132
Meeresküste 132
Megophrys monticola nasuta 119*, 120
Mexico 90
Microsorium pteropus 48, 70+
Mineralsalze 47, 86, 100
Mittelamerika 71f, 79ff, 90, 118, 127

Molche 68f
Monstera 51, 54, 82+, 83, 97
Mooskraut 102
Muschelblume 72+

Nachtabkühlung 79
Nackenstachler 134*, 137f
Nährstoffanspruch Pflanzen 84, 86f, 94, 100, 104
Nahrungsansprüche Tiere 125, 138ff
Nährstoffe 87
Nahrungsspezialist 138ff
Nannostomus 112
Natrix 140f
— fasciata 141
— sipedon 141
— stolata 141
Naturschutz 9, 96, 113f, 133, 136, 138f
Naturschutzgesetz 10, 113, 133
Neoregelia 86, 88
— ampullacea 90
— carolinae 76*, 88
— fulgens 90
— schulthesiana 90
Neotenie 109*, 113f
Nepenthes 99+
Nephrolepis 95+
Nestfarn 99+, 100, 103+
Nestrosette 86, 90
Neuguinea 98ff
Neuseeland 98ff
Nidularium 86, 90
— fulgens 90
Nierenschuppenfarn 95+
Nordamerika, Feuchtsubtropen 71, 72, 79ff, 141
Nordostchina 117
Nymphaea lotos 67, 70+

Oberflächenfisch 110f
Ochsenfrosch 122
Odontophrynus americanus 122
Oncidium 96
Opheodrys aestivus 139*
Orchidee 79, 92, 96

Organische Reste 46, 55, 140
Orientalregion 98 ff
Otocryptis wiegmanni 135*, 137
Oxybelis 141 f

Paludarium,
technische Ausstattung
— Abdeckung 38
— Axiallüfter 43
— Baustoffe 21 ff
— — Abtönfarbe 60
— — Asbest-Zement 24
— — Bambus 58
— — Bastmatte 58
— — Bootslack 24
— — Doppelstegplatte 23
— — Eternit 24
— — Filz 23
— — Fliegengaze 25
— — Flüssigkunststoff 24
— — Glas 21 ff
— — Hartschaum 23
— — Hohlprofilplatte 23
— — Holz 24, 60
— — Kork 50, 58, 59
— — Kunststoff 23, 58
— — Moorkienholz 60
— — Polyurethan-Schaum 51, 55, 59, 60 f
— — Preßkork 50, 58, 59
— — PVC-Platte 23
— — Rinde 60
— — Silikon-Kautschuk 22, 26, 59
— — Spanplatte 24, 58
— — Styropor 23, 50, 51, 53, 55, 58, 60
— — Tuffgestein 50
— Beleuchtung 32 ff, 62
— Beleuchtung, zusätzliche des Wasserteils 18*, 36*, 68
— Belüftung 30, 37, 42 ff, 62, 91
— Belüftungsregelung 42 f
— Bepflanzung 64 ff
— Bodenkonstruktion 12
— Bodenscheibe 25
— Bruchsicherheit 26
— Dämmunterlage 23
— Eckpaludarium 21*, 22
— Einrichtung 48 ff
— Elektronikzentrale 16 f, 31*
— Feuchtigkeitsschutz 24, 41
— Fußbodenbelastung 12
— Ganzglasbauweise 21 ff, 26
— Gestaltung 54, 58 ff, 64
— Gewicht 12, 22, 24, 25
— Glas-Doppelsteg-Bauweise 23
— Glühlampe 41
— Größe 12, 13, 14, 16, 20
— Heizdämmplatte 38
— Heizstrahler 41
— Heizung 28, 39 ff, 62
— Höheneinteilung 16 f
— Infrarot-Strahler 41
— Kletterast-Befestigung 23
— Konstruktion 24 ff, 36*
— Kosten 14, 16
— Kurzschluß 30, 41
— Lampenkasten 30, 33, 67
— Landteil 17, 53 ff
— Laufschiene 25, 26
— Lichtbedarf 35, 67
— Luftumwälzung 41 ff, 44*, 45*, 62, 91
— Lüftungsflächen 25
— maßstabsgerechte Zeichnung 12, 17
— Pflanzwanne 55
— Planung 12 ff
— Quecksilberdampflampe 37, 67
— Radiallüfter 43 f
— Raumaufteilung 13 ff, 19*, 20*, 21*
— Raumheizung 13
— Reflektor 38, 67
— Rohrheizkörper 33
— Rohrrahmengestell 12, 15*
— Rückwandgestaltung 58 ff
— Scheibenstärke 16, 25, 26
— Schiebescheiben 25 f, 28
— Schutzerdung 33

- Schwenkscheiben 25f
- Selbstbau 16f, 23ff
- Sicherungskasten 30
- Stabilität 23, 25, 26
- Standort 12ff
- Strahlungswärme 32, 33, 37, 41
- Stromnetz 30
- Uferausschnitt 17, 22, 31, 50, 54
- Unterbau 12, 15*, 16, 28, 31*
- Unterlage 22, 23
- Ventilator 25, 28, 38, 42ff
- Vitrinenscheiben 25f, 28
- Walzenlüfter 43
- Wärmedämmung 23, 50, 58
- Wärmeentwicklung Beleuchtung 33, 37, 41, 132
- Wasserlauf 24, 47, 55, 73
- Wasserteil 16
- -beleuchtung 18*, 35, 36*
- Wasserströmung 27, 47
- Wassertemperatur 67
- Wassertrübung 67, 68
- Wasserverschmutzung 46f, 128
- Zugluft 94, 102f
- Zwangsentlüftung 25, 45*

Pantodon buchholzi 112
Paracheirodon axelrodi 112
Paramesotriton hongkongensis 116
Parasiten 140, 144
Pareas 144
Passiflora 99+, 101
Passionsblume 99+, 101
Peperomia 52*, 82+, 98, 101
Pfeffergewächse 52*, 82+, 98, 99, 101
Pfeiffrosch 115*, 126ff
Pfeilblatt 99+, 102
Pfeilkraut 70+
Pfeilwurz 79, 82+, 83
Pflanzen des Landteils 74ff
Pflanzen des Wasserteils 66ff

Pflanzenverträglichkeit 54f, 108, 122, 128ff
Pflanzwanne 53
Phalaenopsis 96
Phelsuma 58, 126, 131*, 133ff
— *cepediana* 131*, 134
— *laticauda* 131*, 134
— *madagascariensis* 133f
Philippinen 70, 98ff, 102
Philodendron 52, 54, 82+, 83, 97, 122
— *melanochrysum* 97
— *scandens* 97
Philothamnus aestivus 142
Phlebodium 95+
pH-Wert 67
Phyllobates 124f
Phyllomedusa 121
Phyllurus cornutus 136f
Physignathus 130
Pilea 82+, 99+
Pipa
— *carvalhoi* 117
— *pipa* 117
Piper 99+, 101
— *nigrum* 101
— *ornatum* 101
Pistia stratiotes 72+, 74
Plattschwanzgecko 136
Platycerium 69*, 95, 99+, 103+, 104
— *aethiopicum* 104
— *angolense* 104
Polychrus marmoratus 133
Polypodium 95+
Polystichum 95
Pothos scandens 99+, 101
Pteris 95+
Ptychozoon lionotum 131*, 137
Puerto Rico 89*, 93*, 126

Rana 10
— *adspersa* 55, 123
Regenwald 78, 80*, 89*, 93*, 98
— , wechselfeuchter 80*
Regenzeit 75
Rhacophorus 120

Rhapidophora aurea = Epipremnum aureum 99+, 101
Rhipsalidopsis 94
Rhipsalis 94
Rhoeo 82+
Riccia 67
Riedfrosch 121
Riopa fernandi 136
Rippenfarn 95+
Rotaugenfrosch 111*, 121
Rotbauchunke, chinesische 106*
Roter Neon 112
Rotkehlanolis 123*, 132
Rotschwanznatter 143*, 144
Ruderfrosch 120
Ruellia 83*
Ruhezeit 73, 82f+, 97, 104, 116
Sägeschwanzeidechse 136
Sagittaria 70+
Saintpaulia ionantha 103+, 104
Salamander 54, 68f
Salmler 112f
Salvinia auriculata 70+, 74
Salzgehalt 113
Sauerstoff 47, 62
Sauerstoffmangel 53, 55
Saumfinger 123*, 126
Schamblume 99+, 102
Schattenröhre 49*, 82+
Schiefblatt 82+
Schildfarn 95
Schildkröte 128f
—, Wasser- 46, 53, 55, 108, 128f
—, Weich- 129
Schlammspringer 106*, 112f
Schlangen 58, 138ff
Schlangenlilie 103+
Schlumbergera 94
Schmerle 112
Schmetterlingsfisch 112
Schmuckbaumschlange 141f
Schmuckhornfrosch 55
Schneckennatter 142f
Schönechse 130, 137f, 139*
Schützenfisch 112f

Schwanzlurche 113ff
Schwarznarbenkröte 124
Schwarzwurzelfarn 48, 70+
Schwertpflanze 48, 70f, 74
Scindapsus 99+
Seewasser 112f
Selaginella 102
Sibon 142f
Siderasis 83+
Siegel-Ringelnatter 141
Smaragdskink 127*
Smilisca 118
Spanisches Moos 85*, 91
Spathiphyllum wallisi 53, 56*, 83+, 97
Spezialgärtnerei 66
Sphaerodactylus 130f
Sphenomorphus quoyi = Lygosoma quoyi 129
Spitznatter 141f
Sri Lanka 70, 72, 98ff
Staunässe 92, 98
Stickluft 42, 46, 91
Stickstoff 46f, 100
St. Lucia 93*
Streifenfarn 95+
Stromanthe 82+, 83
Strumpfbandnatter 140f
Stummelfußfrosch 124f
Subtropen, Verbreitung 80*
Südafrika 116, 120
Südamerika, Feuchttropen 71, 72, 74, 79ff, 110f, 117, 118, 127, 130
Südchina 71
Südostasien 70, 72, 98ff, 120, 130, 136f, 144
Sumatra 98ff
Sumatrafarn 70+
Sumpffreund 67, 70+, 74
Sumpfpflanze 82f+, 99+, 105
Sumpfschraube 48, 67, 70+, 74
Sumpfteil 53, 55
Syngonium 83+
Tageslänge 78
Taggecko 126, 133ff

—, Blauschwanz- 131*, 134
—, Goldstaub- 134
—, Madagassischer 133f
Taubagame 135*, 137
Taubildung 28, 46, 78
Teichlebermoos 67
Temperatur 13, 25, 68
-anspruch Pflanzen 68, 70+, 78f, 86ff, 100, 102, 104
-anspruch Tiere 116f
—, Jahresdurchschnittstemp. Tropen 78
Thamnophis 140f
Thailand 70
Thecadactylus rapicauda 130f
Tierbesatz 105ff
Tigerlotus 67, 70+
Tillandsia 64, 79
Tillandsia usneoides 85*, 91
Tillandsie 86, 90f
—, atmosphärische 64
—, graue 85*, 91
—, grüne 91
—, trockenheitsliebende 86, 91
—, xerophytische 86, 91
Tomatenfrosch 123
Toxotes jaculatrix 112f
Tradescantia 83+
Trimeresurus 141
Tropenhaus 66
Tropen, Verbreitung 80*
Tropidophorus brookei 129
Tropischer Regenwald 75ff
Trugnatter 141f
Tüpfelfarn 95+

Überdüngung 91, 108
Überwinterung 116f
Uferlandschaft 22, 48, 50, 83
Uferzone 129, 130, 140f
Umweltschädliche Substanzen 60f
Unke 10, 106*, 117
Unterkühlung 39, 94f
Uroplatus fimbriatus 136
Usambara-Veilchen 103+, 104

Vallisneria 48, 67, 70+, 74
Vanilla 96
Varanus 130
Vegetationszonen, tropische 75
Verdunstungsschutz (Pfl.) 86, 90f, 104
Vereinigungen, paludarieninteressante 146
Vergesellschaftung 23, 108, 112, 116, 120, 125ff, 129, 132ff, 138, 142
Vergiftung 51, 108
Verträglichkeit 54f, 108, 126, 128, 132ff, 137f
Vesicularia dubyana 48, 52, 67, 70+, 73
Vierauge 112f
Vorzugstemperatur 68
Vriesea 86, 92
— *fenestralis* 92
— *guttata* 92
— *psittacina* 92
— *rodigasiana* 92
— *saundersii* 77*, 92
— *splendens* 92
Wabenkröte 117
Wachsblume 99+, 101
Waldsteiger 119*, 120
—, gefleckter 120
Waran 130
Wärmebedarf Pflanzen 82f, 99+, 102, 103+
Wärmebedarf Tiere 116, 140ff
Warzenmolch 116
Washingtoner Artenschutzübereinkommen 10, 113, 133
Wasseragame 130
Wasserähre 72+, 74
Wasseranolis 130
Wasserfreund 70+
Wasserhyazinthe 67, 72+, 74
Wasserkelch 48, 67, 70+, 73
Wasserlauf 27, 47, 55, 73
Wassernatter 140f
—, gebänderte 141
—, Gelbband- 141

159

Wasserskink   129
Wasserpflanzen   17, 48, 51,
   64, 66ff, 70ff+
Wassersalat   72+, 74
Wasserschildkröten   46, 53,
   55, 108, 128f
Weichschildkröte   129
Wels   110, 112
Westafrika   72, 116
Wiegmann-Agame   135*, 137
Winkelkopfagame   130
Wittia   94
Wurmfarn   95+
Wurzelschäden   40, 54

Xanthosoma   83+
Xenopus laevis   109*, 116f

Zantedeschia aethiopica   56*,
   103+, 104
Zebra-Tradescantie   83+
Zebrina   83+
Zentral-Afrika   103ff, 120, 136
Zersetzungsvorgänge   59
Zierspargel   103+
Zimmerkalla   56*, 103+, 104
Zipfelkrötenfrosch   119*, 120
Zwerg-Hornfrosch   122
Zwerg-Krallenfrosch   116f
Zwergpfeffer   82+
Zwerg-Speerblatt   70+, 74
Zypergras   103+, 105
Zygocactus   94